"促进主动学习的英语阅读课堂教学改进行动"丛书

Action Research Series on Facilitating Active Learning in the EFL Reading Classroom

■ 丛书主编 葛炳芳

U0647123

主动学习视阈下的
英语阅读教学：自主提问

Facilitating Active Learning in the EFL Reading Classroom:
The Active Questioning Variable

◎ 庄志琳 宋颖超 邓　薇
苏克银 翁雨昕　　著

ZHEJIANG UNIVERSITY PRESS
浙江大学出版社
·杭州·

图书在版编目（CIP）数据

主动学习视阈下的英语阅读教学. 自主提问 / 庄志琳等著. — 杭州 ：浙江大学出版社，2025．6（2025．10 重印）. —（"促进主动学习的英语阅读课堂教学改进行动"丛书 / 葛炳芳主编）. — ISBN 978-7-308-26239-2

Ⅰ. G633.412

中国国家版本馆 CIP 数据核字第 2025401D7W 号

主动学习视阈下的英语阅读教学：自主提问

庄志琳　宋颖超　邓　薇　苏克银　翁雨昕 **著**

责任编辑　陶　杭

责任校对　董齐琪

封面设计　刘依群

出版发行　浙江大学出版社
　　　　　　（杭州市天目山路 148 号　邮政编码 310007）
　　　　　　（网址：http://www.zjupress.com）

排　版　大千时代（杭州）文化传媒有限公司

印　刷　杭州杭新印务有限公司

开　本　880mm×1230mm　1/32

印　张　4

字　数　111 千

版 印 次　2025 年 6 月第 1 版　2025 年 10 月第 2 次印刷

书　号　ISBN 978-7-308-26239-2

定　价　28.00 元

版权所有　侵权必究　　印装差错　负责调换

浙江大学出版社市场运营中心联系方式：0571-88925591；http://zjdxcbs.tmall.com

丛书总序
FOREWORD

2009—2015 年浙江省高中英语教研聚焦"基于综合视野的英语阅读教学改进行动"这一主题开展了三轮研究,出版专著 15 册。该项研究强调了"内容、思维、语言"的融合,也重视阅读策略的体验式学习,其成果获得"2018 年基础教育国家级教学成果奖"一等奖。我有幸为这套专著写过三篇序。当时我的心情无比兴奋,就好比在"教材难度大""应试压力大"的阴云笼罩下看到了光芒,使我对英语教育发展增添了信心。

根据教育部颁布的《普通高中英语课程标准(2017 年版 2020 年修订)》(简称"课标")编订的高中英语教材已经投入使用了数年。我曾亲耳听到一位资深的英语教师说,尽管教材按照课标的精神要求培养核心素养编写,实际上课堂上还是"满堂灌,忙刷题"。这多少有点令我感到心凉。然而,去冬今春我陆续收到了浙江省教育厅教研室葛炳芳老师发来的"促进主动学习的英语阅读课堂教学改进行动"丛书书稿,研究课题为"主动学习视阈下的英语阅读教学",共设六个分题:1. 理论与实践,2. 自主提问,3. 活动参与,4. 回应所学,5. 意义建构,6. 师生责任,共六册书。数十位作者都很年轻,但都热情好学、勤奋读书、联系实际、钻研教学、集体磨课，以求最大限度调动学生的主动学习积极性。这些教师虽然年轻，可站得高、望得远、钻得深、干劲足，他们的课例几乎运用了人教版高中必修和必选的阅读与思考板块的全部课文。而且任课老师不怕评判，反复打磨，直至课题组成员都感到满意为止。我拿到这套书时正值数九寒天之际，而看到他们这种顽强拼搏的精神恰似初春的阳光温暖了我这颗年迈的心，也又一次扫除了我心中的雾霾。

这套书集中反映了近几年浙江省的一线老师利用新教材在贯彻高中英语课标精神的实践中的新创举，主要在原有的"英语阅读教学综合视野"理论的基础上，进一步开展了英语阅读课堂教学中学生主动学习能力培养的实践与研究。这完全符合教育部颁发的课标中提出的为立德树人，培养语言能力、文化意识、思维品质和学习能力核心素养的要求。英语教育中的知识和能力维度得到重视，以主题意义加工为核心的课堂教学思路得到认可，英语学习活动观得到贯彻，"教—学—评"一体化的理念得到广泛认同。梳理高中英语课标，我们发现，无论是"核心素养"，还是"教学建议"中提及的实施意见，归根到底，是要求广大教师重视培养学生主动学习、自主学习的能力。学生学会学习是学校教育的根本任务。

从研究教师的教到研究学生的主动学，这是一个不小的变革。自古以来，我们的课堂上一贯是老师教学生学、老师问学生答，其实，我们的先人孔子也曾鼓励弟子"敏而好学，不耻下问""博学而笃志，切问而近思"。然而，千百年来的科举制度遗毒未尽，至今应试教育致使课堂上仍然存在花大量时间刷题以应对高考的现象，哪能让学生主动发问并发表自己的独立见解啊！要知道，我们与西方教育的不同之处在于我们的学生勤奋好学、聪明善记、尊师重教，而独立思考、发现、发问、动手实践能力逊色。这也许是近百年我国科技落后的原因之一吧。为了彻底消除教育中的弊病，随着改革开放的深入，我国的教育不仅从突出智育转变为突出素质，而且当下提出为了发展新质生产力，教育亟须深化改革：课程体系更新、教学方法创新、评价体系改革,实现教育公平,开展国际化教育,培养具备探索未知世界的自主创新精神。可喜的是,目前高考制度也在改革,减少了唯一正确答案的试题,增加了跨文化语篇、考查独立思考和语言运用能力的试题。这对课堂教学改革产生了正能量。"主动学习视阈下的英语阅读教学"课题研究就是在这样的背景下进行的。

此课题的领导者葛炳芳老师首先从理论上阐述了主动学习能力是学生学习过程中的一种策略,是学习的体验,是心理活动,也是对自身能力的认识。它能使学生将新知与已知联系起来形成新的理解,能提高学习的兴趣,并提高学习的动机和信心。培养主动学习能力就要强调学生在课堂教学中的自主提问、活动参与、回应所学和意义建构等学习活动和过程,并以师生责任平衡去调整教与学的行为。这一理论,涉及英语阅读课堂教学的方方面面。葛老师在书中引用了马瑾辰老师的生动课堂教学,验证了该书所倡导的理论。

我虽不能亲临现场观摩课堂教学,但是丛书中的教学课例让我受益颇多。首先,我了解到教师如何以情感支持和鼓励提高学生的自主提问意识,并引导他们思考文本主题、内容、语体、语篇和语言、修辞等,设置疑问,互动探讨。学生由浅度思维提升为深度思考,由"不想"到"会想"到"善提问"。这无疑是教改中的一大进步。

除了要培养学生的自主提问意识,还要围绕主题意义,结合实际设计有层次性、关联性、综合性、迁移性、有效性的活动。为了激发学生积极主动参与,在意义协商中主动建构和完善自身的知识体系,活动必须给予学生尊重感、安全感、归属感和价值感,维护其主体地位。活动设计需要师生共建、同伴分享、小组合作、多维互动。活动形式多样,如小组讨论、角色表演、观看影剧、对话演剧等,此外,还可以采用比赛和评价的形式。

回应所学不是对教学内容的简单复述,而是通过内化所学知识,以深刻且富有见解的方式进行表述。为使学生进行综合性的回应,迁移和夯实所学内容、语言和提高思维能力,要设计引人入胜的语境,如运用多模态教学模式,可视性方式(绘图、思维导图等),采访,做项目等。书中有许多生动的例子，让学生在学习过程中进行有效监控、调整、协商、建构，最终理解主题，创建实践性强并具有创新思维的活动。

意义建构的过程中学生需要独立思考，主动探索文本，与文本进行多维对话和意义协商，形成对问题的观点和见解，构建对文本内容和主题意义的理解并表达"新"的思想。阅读中运用建构主义理论要求教师给予学生无干扰阅读的时间和空间，并适时给予指导，使学生能够自行梳理细节信息，对语篇内容进行深刻理解、阐释分析、判断推理等意义加工，亲历思考、比较和体悟。

主动学习视阈下的英语阅读教学中，师生的责任有所改变，教师由讲授者转为引导者，有协商、组织、激励、营造支持性环境的责任；学生由被动接收者转为主动探索者，自主阅读、思考提问、建构新知、感悟主题意义、创新表达。确定了 RIAE^① 英语自主阅读教学路径，即"激活与关联"、"释疑与建构"、"评价与批判"及"运用与表达"。此外，教学反思与改进，不仅强调教师的反思和评价，更包括学生的反馈机制，使形成性评价得到真正的落实。教师设计符合学情的教学目标有利于因材施教，教师多样化的亲切语言会令不同层次的学生产生终生难忘的情感反馈。

课题研究组运用了大量的课例来验证上述理论。我饶有兴趣地阅读这些课例时，时常为其中精彩的段落所感动，特别是看到有的学生流畅地用口语或文字表达自己的见解时，我情不自禁地拍案叫好。对于教师提供的有效支架我也在批注中加以点赞。我多么希望能看到更多类似的教师研究行动，不仅限于听读理解，还有说写表达；不仅限于阐述，也要有辩论，更多地开展项目活动以发现学生的多元智能和创新思维；不仅有课本阅读，还有更多的学生自选的泛读。我还希望学生能利用多媒体资源、在线平台进行个性化学习，并利用选修

① RIAE：英语自主阅读教学路径，即 Relate（激活与关联）—Interpret（释疑与建构）—Assess（评价与批判）—Express（运用与表达）。

教材以充分发挥其自身的潜力。

　　近来,浙江等地在人工智能领域取得的成就举世瞩目,这表明,具有五千多年文明史的中国人不只会追赶,而定会超越西方,为世界做出更大的贡献。我坚信浙江省的基础教研工作者在已有成就的面前不会止步,而会继续砥砺前行,创造出更多成功的经验,为建设教育强国添砖加瓦,贡献自己的力量!

刘道义

2025 年 2 月 23 日

前　言
SERIES EDITOR'S PREFACE

　　阅读文本之器，是字词句篇之形。读者依赖字词句篇、语修逻文，解码理解，加工意义；阅读文本之道，是人文生命精神。阅读，是感知、唤醒、体悟和激发；其对象，不仅仅是言语，更是思想、情感，甚至是精神创造。阅读是一个动态的意义建构过程。英语阅读教学中，学生要成为主动的阅读者和意义加工者。从教师的角度看，就是要在设计阅读教学活动时充分关注学生的安全感、归属感、尊重感、方向感，这是扎实开展自主学习、培养学生主动学习能力的前提。

　　2009—2015 年，浙江省高中英语教研牢牢抓住"阅读教学"这个"牛鼻子"，开展了三轮课题研究，出版专著 15 册，成果《基于综合视野的英语阅读教学改进行动》，获得"2018 年基础教育国家级教学成果奖"一等奖。该成果以"文本解读"为逻辑起点，以突破"教什么"带动英语阅读教学的改进。2023 年初，由我负责的"促进主动学习的英语阅读课堂教学改进行动"被立项为浙江省重点教研课题（课题编号：Z2023033）。我省的英语阅读教学研究又以"学习能力"为突破口，将显性的研究重心移到了"怎么教"：培养学生主动学习的能力。

这一研究由以下六个主题组成（括号内为各小组成员，其中第一位为组长）：

1. 主动学习视阈下的英语阅读教学：理论与实践（浙江省教育厅教研室葛炳芳）

2. 主动学习视阈下的英语阅读教学：自主提问（桐乡市凤鸣高级中学庄志琳、宋颖超、邓薇；桐乡市第二中学苏克银；桐乡市高级中学翁雨昕）

3. 主动学习视阈下的英语阅读教学：活动参与（金华市教育教学研究中心徐钰；浦江县教育研究与教师培训中心洪燕茹；浦江中学楼优奇；金华市外国语学校丁亚红；金华第一中学琚玲玲、张帅）

4. 主动学习视阈下的英语阅读教学：回应所学（温州市教育教学研究院丁立芸；温州中学蔡珍瑞、彭志杨、陈华露、蔡夏冰）

5. 主动学习视阈下的英语阅读教学：意义建构（杭州师范大学附属中学汪向华；杭州第四中学下沙校区印佳欢；杭州师范大学附属中学苏殷旦；杭州第二中学钱江学校马瑾辰；杭州师范大学附属中学丁楚琦）

6. 主动学习视阈下的英语阅读教学：师生责任（新昌县教育局教研室俞永恩；绍兴第一中学蔡红、沈剑蕾；新昌中学俞坚峰、言金莉）

在本研究中，我这样定义"主动学习"：在英语教学中，学生在教师指导下逐步开展自主提问，主动建构意义，主动运用所学建立文本、作者、世界和自我间的关联，表达新思想。这样的学习过程，就是促进学生形成主动学习能力的过程。从教师的视角看，促进主动学习的英语阅读课堂教学改进行动，始于教师对教学材料的深度解读，涉及文本内容从细节理解到概念化再到结构化的梳理和提炼，同时这个过程中的语言学习得到同步考量，并由文本内拓展到文本外进行"出口任务"的设计。在教学活动设计与实施的过程中，教师围绕自主提问、活动参与、回应所学和意义建构，聚焦基于意义加工的语言教学中的师生责任平衡，在不同阶段以不同的方式逐步发展学生的主动学习能力。

本研究不仅基于先前的研究而开展,研究的范式和各子课题主题设计的思路也相同。一是研究主题的重合。无论是自主提问、活动参与、回应所学、意义建构还是师生责任,都相互交叉。无论以哪个视角为切入点,都与阅读教学的方方面面有关。二是我们依然采用行动研究的方式,深入常态课堂,以改进课堂教学。特别是我们每次的研讨课都是以所在学校的"教材自然进度"确定开课内容,以落实"做真实教研"的信条。三是继续走"草根"之路,用案例说话,用行动改进说话。四是我们仍以"大课题—小课题"的方式开展研究,平时以小课题组成员的研究为主,但是每半年都组织一次"大课题组活动",每一位成员都精心撰写并反思,并在全体成员面前分享各自的心得体会。

与过往课题研究不同的是,本课题研究的阶段性成果,都同步在全省的教研活动中得到推广,同步在全国各地的讲学中介绍,更是同步在全国各类期刊上发表。我们特别感谢《教学月刊·中学版(外语教学)》从 2024 年第 1/2 期合刊起,为我们开设了专栏,每期刊登 1 至 2 篇课题组成员撰写的论文。从言语行为的视角,我们可以把包括这些小册子在内的一系列成果看成"主动学习的实践话语(rhetorical practice of active learning)"。

本丛书源于我们这个团队的深入研讨和实践改进,源于这个团队的精诚团结和无私奉献,源于这个团队的智慧勤劳和磨法悟道,源于这个团队触发灵感的文献分享、一丝不苟的课例研讨、触动灵魂的研究交流、瞻前顾后的研究作风,源于这个团队两年多来对主动学习或者主动阅读"是什么?为什么?怎么做?做了又怎样?"等问题的不懈思考和实践印证。正是这一切,帮助我们建立和夯实培养主动学习能力的信念,改进阅读教学实践。

我国基础英语教育泰斗刘道义先生,自 2009 年的阅读教研课题起都一直关心、支持、教导和鼓励我们踏踏实实做教研。我们在 2011、2013、2015 年出版的小册子都是先生写的序。在这次课题研究成果出版之际,先生虽已 87 岁高龄,但仍欣然为我们作序。这实在是我们莫大的荣幸。

　　在本丛书出版之际，我们特别感谢浙江大学出版社基础教育分社的编辑及营销团队，没有他们的帮助，我们的这些研究成果只能是"孤芳自赏"，广大中学英语教师也就没有机会阅读到这些资料，提升自己的英语阅读教学思想。

　　当然，由于作者水平有限，研究精力有限，书中如有不当之处，当由作者负责。敬请读者通过 gbf789@126.com 邮箱与作者交流。

乙巳初春于西溪

本书作者序
INTRODUCTION

　　记得第一次参加葛炳芳老师主持的课题"基于小课题研究的高中英语教师专业发展的个案研究"是在 2010 年，虽说主题聚焦高中英语教师专业发展，但研究的内容却是当时高中英语阅读教学中存在的问题：从阅读中的材料处理、词汇使用到阅读中思维活动和读后活动。在随后的 15 年中，葛老师一直紧抓阅读教学这根主线，开展了从"英语阅读教学的改进行动""英语阅读教学的综合视野"，到现在的"主动学习视阈下的英语阅读教学"的课题研究。本次作为子课题之一，我们的研究课题是"主动学习视阈下的英语阅读教学：自主提问"。

　　本书共分五章。第一章介绍了研究的背景，对自主提问可行性和必要性进行了梳理，我们认为自主提问是学生主动阅读的起点，也是培养学生主动学习能力的重要途径。第二章结合教学的实际，分析目前课堂教学中"自主提问"这一教学活动中存在的问题与原因。教师缺乏主动引导，阻碍了学生自主提问能力的发展；在应试的前提下，学生的自主提问往往局限于识记层面，这限制了他们对内容的深入思考；而在目前高中英语阅读课堂中的自主提问，主要以学生个体在读前进行预测性提问为主,自主提问模式单一。第三章我们提出在课堂教学中建构学生自主提问的策略,从自主提问的意识培养、自主提问的视角切入和自主提问的能力提升等三个方面入手,让学生从想要提问、敢于提问,到学会提问、问在点上,再到善于提问、发展思维,如此循环向上。第四章的完整课例详尽地还原了本课题组为参加大课题组活动而进行准备与改进的过程。整个课例的教学设计,三易其稿,多次试讲,多次改进。我们对每一次课例的设计背景进行说明,反思整个教学过程,对优点和缺点进行剖析,展示了课题组在设计与改进阅读教学过程中的心路历程。第五章对本研究进行了简单的总结,对后续的研究提出了思考。我们认为对学生自主提问能力的培养,实际上是对学生的阅读思维的培养,是显性化学生阅读思维形成的过程,将学习的主动权交还给学生,不断教会学生自主提问和解疑,成为自主阅读者。

本书是课题组精诚合作、群策群力的成果。两年来,我们从杭州到桐乡到温州到浦江到新昌,无数次的学习,无数次的文献综述让我们了解主动学习的内涵,无数次的开课、听课、说课让我们逐步清晰了我们到底要做什么,无数次的讨论、交流让我们彼此了解各自的进程、思路和困难。两年中,我们领略了各组小伙伴的智慧和勇气、拼搏和进取、豁达和包容;两年中,在葛老师的引领下,我们许多小伙伴从科研新手到行家,这一历程让我们重拾 15 年前的初心——通过小课题研究推动高中英语教师专业发展。这不单单促进了学生的发展,也促进了教师的成长!

本书只是本课题组的一家之言,同时由于作者水平有限,本书中难免存在疏漏的地方,敬请读者批评指正。

庄志琳

2024 年 10 月

目　　录
CONTENTS

主动学习视阈下的英语阅读教学：自主提问

第一章

研究背景

　　阅读是学生获取知识、增长智慧的重要方式,也是民族精神发育、文明传承的重要途径。学生阅读的深度与否取决于多种因素,包括学生的阅读兴趣、阅读策略、教师指导等,而在这些要素中,主动阅读是不可缺少的。主动阅读是学生主体性在英语阅读活动中得以发挥的基础,是学生独立自主实现对语篇深层次理解,并进行有效迁移应用的关键。在影响学生主动阅读的因素中,学生的自主提问是极其重要的一环,因为学生可以通过自主提问激发自身的阅读动机,实现与教师、同伴的高效互动,并能让其从被动回答教师的提问转向"以问答问",实现"以问促学"。

　　可以说自主提问是学生主动学习的起点,也是"培养学生主动学习能力的重要途径"(葛炳芳,2024:55)。在英语阅读课堂上,教师应尽力营造轻松愉悦的课堂氛围,鼓励学

> 自主提问是学生主动学习的起点,也是"培养学生主动学习能力的重要途径"。

生主动阅读与思考，主动提问与解疑，不断与文本深入对话，实现意义建构，建立与作者、世界和自我之间的联系，促进学生主动学习能力的提升，成为独立阅读者。

《普通高中英语课程标准（2017年版2020年修订）》（教育部，2020：40）（以下简称"课标"）在培养学生的学习策略方面要求教师鼓励学生受问题意识的驱动而调控和管理自己的学习过程，帮助学生培养和发展自主学习的习惯和能力。可见，在高中英语阅读教学中，自主提问对推进学生主动学习、培养学生终身学习能力至关重要。

> 自主提问能够帮助学生拓展阅读广度和深度，引导他们探索更多领域的知识和信息。

自主提问能够帮助学生拓展阅读广度和深度，引导他们探索更多领域的知识和信息，提升综合素养。通过自主提问，学生在阅读过程中逐渐形成主动探究的学习态度和方法，培养独立思考和自主学习的能力。这有助于激发学生的自主阅读兴趣，提高阅读效果和深度，促进其全面发展和培养其终身学习的习惯。学生只有学会自主提问，才能进行深入的自主阅读，并在自主阅读的过程中，提出新的问题，进行更深层次的探究，从而获得更全面深入的理解。

在实际教学中，自主提问在英语阅读教学中的必要性主要体现在以下四个方面：

1. 自主提问是激发自主阅读的起点。只有学会自主提问，学生才能进行深入的自主阅读。在自主阅读的过程中，学生会提出新的问题，并进行更深层次的阅读，从而达到更深的理解。

> 自主提问是推动思维碰撞的动力。

2. 自主提问是推动思维碰撞的动力。当学生自主提问时，需要积极地思考和探索,这种主动思考的过程会提升学生的思维能力。同时,师生和生生互动过程中产生的思维碰撞会帮助学生不断激发新的思维火花。

3.自主提问是构建语篇意义的途径。学生在读前起疑和述疑、读中追疑和质疑以及读后释疑和生疑的过程中,不断加深对语篇信息和意义的理解和感悟,并在与教师和同伴的交互活动中,主动建构和迁移运用结构化新知,实现意义关联。

4.自主提问是融洽师生责任的手段。自主提问是建立在一定规则的基础上的,让学生遵守规则,教师鼓励参与,保持良好的师生关系,

> 自主提问是建立在一定规则的基础上的,让学生遵守规则,教师鼓励参与,并对学生的提问有所期待。

并对学生的提问有所期待。在这个过程中教师角色为"协商者""组织者""激励者""共赏者",而学生责任为"理解""评价""价值化""领悟"(葛炳芳,2024:55),学生真正成为主动阅读者。

但如何增强学生提问的主动性? 如何提升自主提问的广度和深度? 如何鼓励学生将自主提问贯穿于英语阅读课堂的始终? 为解决以上现实问题,本课题组立足于课堂实践,反复尝试、改进,不断探索,旨在为提升高中英语阅读课堂教学质量、促进学生主动学习能力的培养提供新的思路和参考,为提升高中英语阅读课堂教学质量、促进学生主动学习能力的培养提供新的思路。

第二章

>>>

当前英语阅读中学生
提问面临的挑战

在当前高中英语阅读学习中，学生在自主提问方面依然面临诸多挑战，无法有效地自主阅读，具体如下所示。

一、传统课堂模式下，师生自主提问意识淡薄

传统高中英语教学模式常以教师为中心，强调教师的讲授与指导，学生主要通过听和记来学习（刘春燕，2015:87）。这种模式对学生的自主提问能力产生了一系列影响。首先，对于教师而言，长期占据主导地位的讲授式教学使得他们习惯于按照既定的教案和教学进度推进课程。教师常常将重点放在知识的传递上，他们凭借自己的教学经验和专业知识，向学生进行单方面的信息传递，而较少主动去思考如何激发学生的疑问或鼓励学生提出问题。他们往往认为自己对阅读文本的解读是最到位的，自己的教学设计是无懈可击的，低估了学生主动学

习的潜力。同时，教师也不信任学生的学习能力，不敢放手给予学生自主提问的平台。教师可能认为，在有限的课堂时间内，完成预设的教学内容才是首要任务，却忽略了学生的思维发展和个性化需求。由于教师缺乏主动引导学生提问的意识，学生的好奇心和求知欲未能得到充分的调动，严重阻碍了学生自主提问能力的发展。

> 由于教师缺乏主动引导学生提问的意识，学生的好奇心和求知欲未能得到充分的调动，严重阻碍了学生自主提问能力的发展。

　　其次，对于学生而言，课堂互动和参与机会较少，导致学生缺乏提出问题的机会，更多是在被动接受知识。学生在被动听和记的过程中，其思维的活跃度被极大地抑制。他们仅仅是知识的接收者，而非积极的参与者和探索者。长期处于这种状态，学生可能会逐渐失去自我探索问题和主动学习的动力。自主提问是学习过程中的重要环节，它反映了学生对知识的理解程度、思考深度以及求知的渴望。由于传统教学中互动和反馈环节较少，学生可能对提出问题感到害怕或不自在，担心问题显得"愚蠢"，会被同学或老师评判。这种心理障碍会进一步减少学生在英语学习中提出问题的意愿。传统课堂通常侧重事实记忆和基础理解，少有促使学生评判性思考或创造性思维的环节。这种教学方式不利于学生形成评判性和创造性的问题意识，使得他们在学习过程中难以培养高阶思维能力。此外，传统课堂模式中，学生少有与学习同伴合作的机会，总是在学习上孤军奋战，缺乏借助同伴的力量来提高自己自主提问能力的意识。

> 自主提问是学习过程中的重要环节，它反映了学生对知识的理解程度、思考深度以及求知的渴望。

二、应试教育背景下，学生自主提问视角局限

应试教育往往重视标准答案和机械记忆，鼓励单向的学习方式。当前的高中英语教学和其他科目一样，关注学生的考试成绩，强调记忆和重复练习，而不是评判性或创造性思维。阅读材料沦为语法与词汇考点的载体，学生阅读时习惯于埋头寻找文中与选项对应的细节信息，思维被局限在狭窄的应试框架内。当被要求提问时，他们的视角往往聚焦于文本的表层信息，如时间、地点、人物、事件、故事的情节发展顺序、人物的简单特征等。这些问题虽然有助于学生快速理解文本，但是限制了他们对内容的深入思考，导致学生不会去挖掘文本所反映的现象背后的本质，无法对文中观点产生质疑或发现文化交际中的微妙之处，学生难以发展高阶思维能力，如分析、比较、综合、归纳、推理、评价等。或者，他们会聚焦文中某个生词的释义、某句长难句的语法结构，而难以从文化比较、情感共鸣或作者写作意图、主题意义等更深层次的视角去思考。这种局限如同坚固的壁垒，将学生与英语阅读背后广阔的世界隔离开来，抑制了他们对英语语言文化的深入理解与感悟，更削弱了他们的主动学习能力，也使得他们在面对复杂问题时缺乏应对的思维工具和方法。

学生若习惯于表层提问，往往会形成固定思维模式，面对新的文本也提不出新的问题，思维缺乏动态的延展。学生在面对需要综合、多角度分析的问题时这种思维的局限性和停滞性尤为明

显。因为他们缺乏运用高阶思维工具的能力,所以问题解决策略单一。当学生在自主提问时感受不到问题带给他们的思考和意义时,他们可能感到提问只是流于形式,从而对提问失去热情和兴趣,在课堂上主动提问的行为也会因此受到抑制。

同时,英语学习的重点过分集中在考试成绩上,而非语言技能的实际应用,导致学生感到学习是一种压力,而非享受。学生对英语学习缺乏兴趣,对课堂提问缺乏积极性,觉得提问只是为了回答正确而不是真正思考。此外,对自己的英语能力缺乏信心也使学生在课堂上害怕出错,从而避免提问或参与讨论。

三、现有教学实践中,学生自主提问模式单一

目前高中英语阅读课堂中的自主提问,主要以学生个体在读前进行预测性提问为主,基本都是在阅读文本之前,先观察标题和插图再进行提问,这样的自主提问模式单一,偏向于流程化。这个阶段,学生只能从标题中获取一些极具概括和抽象的信息,从图片中获取一些散碎的信息,导致他们的思考也难以深入,所提的问题往往比较浅层,缺乏深度,这一形式难以帮助学生在后续阅读阶段有效培养自主阅读能力。而有效的提问应该围绕文本主题意义的建构,且贯穿阅读教学的不同阶段动态地生成,从内容、语言、思维三个视角,体现从表层信息深入到对深层次的核心问题的思考。

而读前头脑风暴式的自主提问模式也造成学生提问

> 有效的提问应该围绕文本的主题意义,且贯穿阅读教学的不同阶段动态地生成。

的散乱性，所提问题之间缺乏有效的串联和逻辑关系，这种现象不仅影响了学生的思维深度，也一定程度上影响了他们后续对文本的深入理解和对文本意义的有效建构。提问的散乱性常常源于学生对文本的接触不够，学生可能基于个人经验和直观反应提问，这使得所提问题之间的联系比较松散而无法形成有意义的连接，缺乏内在逻辑关系的问题不仅降低了交流的有效性，也影响了学生对文本主题意义的把握，无法建构完整的知识结构。

再者，目前教学中的自主提问通常以个人独立思考后提出为主，由于个体对文本的理解有时不够全面，学生自主提问的质量也大打折扣。学生之间有效互动的缺乏，使得学生无法从他人视角获得新的见解，从而影响文本理解的深度与广度。

第三章

英语阅读课堂教学中
自主提问策略的建构

一、自主提问意识培养

　　自主提问是学生自主阅读的起点,也是学生进行主动学习迈出的第一步。要想改变以教师提问为主,学生缺乏提问主动性的现状,首先要增强师生的自主提问意识。意识主导人的行为,每个人的行为都是由其不同的意识所支配的。自主提问意识不仅仅指学生在学习过程中主动思考、主动发问的意

> 　　要想改变以教师提问为主,学生缺乏提问主动性的现状,首先要增强师生的自主提问意识。

识,还包括教师在教学过程中对学生进行自主提问给予充分的信任、引导、鼓励的意识。

(一)学生层面

1. 学生主体意识

自主是学生掌控自己学习的能力（Benson,2011：58）,自主的过程需要学生充分认识到自己是学习的主体。在进行自主提问时,学生必须树立明确的学习主体意识。学生主体意识可以通过自主设疑、思考、解疑、互动探讨等各种学习任务培养。

> 自主的过程需要学生充分认识到自己是学习的主体。

学生只有具有自我主导学习的能力和意识,才能在学习的各个环节凸显其学习主体性地位,成为主动的学习者,积极参与提问并主动寻找答案。

2. 持续探索意识

主动阅读时的自主提问并不是读前因具有好奇心和求知欲而发出提问即可,而是在整个阅读过程中持续产生疑问,以问促学。这就

> 在持续探索意识的主导下,学生逐渐形成持续自主提问和主动学习的良好习惯。

需要学生具备持续探索的意识和能力。学生在阅读时不断提出问题,对这些问题不只是停留在表面理解,更是深入探索文本背后的意义和作者意图等。在持续探索意识的主导下,学生逐渐形成持续自主提问和主动学习的良好习惯。

3. 同伴协作意识

"学习"即人的成长与变化是在同他人共同作业的条件下出现的(钟启泉,2019：25)。周围学习同伴对学生的学习有着巨大的促进作用。在主动阅读过程中,学生在

同伴的积极帮助和支持下,同样可以获得知识和技能。因此,要想培养学生自主提问

在主动阅读过程中,学生在同伴的积极帮助和支持下,同样可以获得知识和技能。

能力,还要重视同伴协作意识的培养,使学生在阅读进程中,有同伴可依靠,有同伴可互动,有同伴可合作。通过同伴问答、同伴互助、同伴互评等方式实现自身的主动学习能力的提升。学生在小组内提出自己阅读时遇到的问题,然后共同讨论这些问题,通过交流各自的理解和观点,学生可以获得不同的理解视角,深化对文本的解读。

(二)教师层面

1. 情感支持意识

教师情感支持主要是指教师在课堂互动中建立积极氛围、敏锐意识学习需要并反馈,关注学生观点等(席静,2021:137)。在培养学生自主提问能力时,教师情感支持意识体现为:师生互动时营造出来的具有充分的情感联结、充满肯定与鼓励的积极融洽的学习氛围;教师能够敏锐地捕捉到学生乐于提问、渴望提问的情感需求并及时给出反馈,同时给予学生足够的优质引导和激励;教师充分相信学生主动学习的潜力,提供充足的平台和机会,给学生学习安全感的同时也给予自己放手教学的安全感;教师善于倾听并肯定学生提出的所有问题,能够包容学生提问时暂时存在的不

教师通过积极的情感支持和鼓励,营造一个安全、开放、支持性的学习环境,帮助学生敢于提问。

足。教师通过积极的情感支持和鼓励,营造一个安全、开放、支持性的学习环境,帮助学生敢于提问,主动思考,并

且感到被理解和重视，这是帮助学生培养自主提问能力的有利心理和环境因素。

2. 示范导向意识

要落实学生的主体地位，关键在于教师的引导。教师要转变课堂角色，从单一的知识传授者转变为学生学习的指

> 教师的指导示范及提问方向把控的作用至关重要。

导者、组织者、促进者、帮助者、参与者和合作者，引导学生发展自主学习能力，使学生真正成为学习的主人（教育部，2020:54）。在培养学生自主提问能力的过程中，教师的指导示范及提问方向把控的作用至关重要。教师通过示范如何提出有深度、有价值的问题，帮助学生掌握提问的技巧和方法，鼓励他们在阅读中主动提问，同时教师的导问是学生自主提问的基础，在整个阅读过程中，教师要把控学生自主提问的方向，尽可能做到在"读前的预测"、"读中的释疑"和"读后的评判"中合理引导学生自主提问。

3. 评价反拨意识

教学评价应贯穿教学过程的始终，体现在教学实践的各个环节（教育部，2020:80）。在帮助学生提升自主提问能力的过程中，教师应时刻关注学生的课堂表现，即时肯定学生语言学习、思维激发、提问质量提升等过程中的进步，凸显评价的过程

> 教师通过评价和反馈，引导学生对自己的提问进行深入的思考和反思。

性和激励性。教师通过评价和反馈，引导学生对自己的提问进行深入的思考和反思，包括问题的深度、广度、逻辑性以及与阅读语篇的相关性等，以提高学生提问水平和思维能力，并激发他们持续提问的动力。

自主提问意识是建立在一定规则基础上的。学生应该遵守规则，充分意识到自己在学习主体性，在保持持续的探索和独立的基础上有赖于同伴之间的互动，在教师的鼓励参与、充分示范、适时引导、即时评价反馈下，在良好的师生关系中，自身的提问能力必定有所突破。整个自主提问意识的培养过程必定是教师通过充分的引导、引领，从而引燃学生自主提问的热情，继而实现学生"自燃"——完全自主思考、自主探索的过程。

二、自主提问的视角与方式

阅读是英语学习的重要环节，通过阅读，学生不仅要学习词汇、语法、句子和文本结构，还要了解话题内容，理解连贯与衔接、修辞，体验阅读策略的使用，思考文本主题或观点，发展思维能力，并就相关内容进行口笔头表达（葛炳芳，2013：7）。要实现这些学习目标，传统的英语阅读教学是通过教师设计一系列的问题来引导学生对阅读文本的内容进行梳理和整合，对阅读文本的语言进行赏析与模仿，对作者的观点、态度以及文化背景等进行推理判断和分析评价。然而，在促进主动学习的英语阅读课堂教学中，那一系列帮助学生阅读的问题不再是由教师设计，而是在教师的指引下，学生通过主动思考，自主提出的。

在尝试引导学生自主提问的教学实践中，如前文所述，我们发现学生的思维僵化，提问以识记为主，缺乏广度和深度；提问以浅层为主，缺乏启发引领的问答，难以实现主动提问的促学作用。针对学生不知"问什么""如何提出优质的问题""如何提出能促进主动学习的深层疑问"的困境，教师提供提问的策略指引至关重要，包括自主提问的支架搭建和提问视角的指导。

Bloom(1956)用分类学方法将认知领域的教学目标分为记忆、理解、运用、分析、综合和评价六个层次,并将问题内容的层次从低到高分为信息性问题、理解性问题、应用型问题、分析型问题和评价型问题。信息性问题即"what、when、who、where"事实性问题。理解性问题即检测学生对深层学习内容的理解。应用型问题指学生能将新知运用于新的情境中。分析型问题则是强调学生整理 how、why 等类型的信息,能理解文本的组成要素内部关系或结构框架。评价型问题指要求学生对人物、事件做出符合事实的推断和评价(钱剑英等,2015:22)。

按照思维层次从低到高,梁美珍等人将阅读教学中设计的问题分为展示型、参阅型和评估型三类。展示型问题是为了促进学生对文本信息的识记和理解而设计的问题,这一类问题的答案一般是唯一的,学生凭借表层理解快速查找便能找出。参阅型问题是教师针对文本特征、写作特点、写作意图或文本中其他有价值的可以生成的关键点进行提问。这类问题一般在文本中没有现成的答案,学生作答时,需对文本信息进行提取、加工和运用。评估型问题要求学生对文本话题、内容、作者观点等进行进一步的深入思考,以文本为基点,从不同的角度和层面,结合逻辑和情感得出综合性的评价和结论(梁美珍等,2013:7)。

以上两种阅读教学中提问的类型分别从问题的内容及思维层次角度进行分类。而语言能力的培养也是英语教学的重中之重。培养学生的语言能力并不是脱离语篇文本孤立地输入语言知识,而是在语篇文本的解读过程中帮助学生感知语言特征、赏析语言魅力、内化语言知识(范文慧、陈玉松,2021:35)。因此,阅读时的自主提问还可以从关注阅读文本中的语言表达角度入手。

阅读教学是一个综合的过程。而这个过程中的核心是努力寻求信息梳理、语言学习、阅读方法、思维训练、话题体验等诸多因素的有机统一。"内容""语言""思维"是其中三个最主要的关键词（葛炳芳，2013：72）。

基于上述前人的研究与课题组自己的思考，我们从内容意义、语言表达、思维培养三个视角切入，指引学生构建自主提问的维度、内容和方式。

> 从内容意义、语言表达、思维培养三个视角切入，指引学生构建自主提问的维度、内容和方式。

（一）内容意义视角的自主提问

文本是系统地表达内容的载体。读者在阅读语篇时，最直观获取的就是该语篇所承载的内容。文本内容或文本信息涉及主题、事件、情节、逻辑关系、思想等。梳理文本信息是课堂上一切教学活动的基础（葛炳芳，2013：46），也是学生自主阅读理解文本的第一步。文本信息包括浅层表面信息和深层推理信息。获取文本信息可以通过 5W1H 疑问词，即"what、who、when、where、why、how"进行提问。依照文本理解的顺序，读者一般先理解字面的表层信息，然后再深入思考和推理隐含的深层信息。从文本内容意义视角指引学生进行自主提问，侧重的是对文本浅层信息和深层信息的提取、梳理、整合以及对文本主题意义的挖掘。

> 对文本浅层信息和深层信息的提取、梳理、整合以及对文本主题意义的挖掘。

1. 浅层信息提取：针对文本细节信息理解的提问

每一个文本都有许多表面直观的信息，比如时间、地点、人物、事件等。学生阅读时的提问，可以首先从这些体现文本细节或主旨的浅层信息开始。这些信息，既包含在文本的语言中，也体现在标题和插图中。

（1）基于标题和插图的提问

标题和插图是人教版高中英语教材阅读语篇的标配，也是学生阅读时的第一眼信息。标题和插图所承载

> 标题和插图所承载的文本信息，既揭示了文章的主旨，又经常蕴含着文本细节信息。

的文本信息，既揭示了文章的主旨，又经常蕴含着文本细节信息。阅读前的自主提问，可以针对标题和插图展开。学生通过对标题、插图中隐含的信息进行提问，既可以帮助后续阅读梳理浅层信息、获取文章主旨，也可以有效激发阅读的好奇心和驱动力。

【课例片段 1】选择性必修二 Unit 1 Reading and Thinking（本书课例使用人教版教材，下文不再说明）板块的阅读材料是一篇以时间为线索的叙事性文本，介绍了约翰·斯诺通过收集数据、绘制霍乱病例地图、分析结果、进一步佐证等方法，探究霍乱病源、最终阻止了霍乱流行的事迹。执教该阅读课读前的预测环节时，教师引导学生关注标题"John Snow Defeats 'King Cholera'"后，提出自己心中的疑问。学生的提问如下：

Q1：Who is John Snow?

Q2：Who/What is "King Cholera"?

Q3：Why is it called "King Cholera"?

Q4：How did John Snow defeat "King Cholera"?

Q5：When did John Snow defeat "King Cholera"?

Q6：Where did this happen?

学生根据标题所提的这些问题,基本聚焦了文本中能直接找到的表层细节信息,也是文本的主旨大意。教师依次把这些问题板书后,学生自主阅读时根据自己的读前疑问查找答案,可以更有条理地梳理文本信息,获得阅读成就感。

继而,教师引导学生仔细观察两幅插图后继续提出自己的疑问。学生的提问如下:

Q1：Which country is John Snow from?

Q2：What is he? Is he a scientist or a general?

Q3：What does Snow's cholera map tell us?

Q4：Why did some houses have more deaths than others?

Q5：Why is there a map in the story?

这些针对插图的提问能帮助学生更好地了解斯诺,并梳理文本中斯诺把收集到的数据绘制成地图来分析霍乱病源的过程的相关细节信息。这些信息对文章的深层理解不可或缺。

学生基于标题和插图,自主提出了多种疑问,对阅读文本进行了有效预测的同时,也激发了阅读兴趣,他们会迫不及待地想通过阅读解决自己的疑问。

人教版教材中还有多篇讲述人物故事的语篇,如必修一 Unit 3 介绍郎平和乔丹、必修三 Unit 2 介绍林巧稚、选择性必修一 Unit 1 介绍屠呦呦和爱因斯坦、选择性必修一 Unit 5 介绍袁隆平、选择性必修二 Unit 1 介绍钱学森和霍金等。对于这些人物传记类的阅读材料,虽然文本叙事方式不尽相同,处理方式也不应完全相同,但学生都可以针对标题和插图对该人物的身份、成就、影响、其所经历事件的内容和过程、时间、地点等细节信息进行提问，以帮助其后续阅读的整体理解。

（2）基于文本内容的提问

除了标题和插图，文本自身也蕴含了大量学生能快速获取的浅层信息。阅读文本提取信息是学生自主阅读能力的一大体现。对所阅读文本的浅层信息提出自己的疑问，并在阅读中自己解决疑惑，是学生文本解读的第一步。

文本中有些信息是直观、一目了然的。针对这些显性的信息，教师可以引导学生在第一次阅读时对每一个段落的细节信息展开自主提问，在提问和自主解惑的过程中，梳理、整合文本浅层

> 在自主提问和自主解惑的过程中，梳理、整合文本浅层的细节信息，理解文本内容。

的细节信息，理解文本内容。基于文本内容的浅层信息的提问，主要聚焦于文本中提及的事实，涉及时间、地点、事件等。

【课例片段 2】必修二 Unit 4 Reading and Thinking 板块阅读材料"What's in a Name?"，从人们对英国为何有很多不同的名字这一困惑入手，介绍了英国的历史、地理、文化等概况。该说明性文本包含了许多事实性细节信息。教学中，教师要求学生自主阅读文本第二、四段时，针对文本内容提出自己的疑问。学生经过阅读和思考后，提出了如下问题：

Q1：Which time points are mentioned in the passage?

Q2：What happened at each time point?

Q3：What's the change of the name of the country?

Q4：What were left behind by the four groups of people?

　　这些问题的答案是整个阅读文本中最重要的事实细节信息。在回答问题的过程中，学生不难发现，这些时间节点可以按顺序重新排列。按照时间线索对文中重要历史事件的相关信息进行重新排列能帮助学生较好地理解英国历史的发展过程以及英国文化的影响因素。这些虽然是直观信息，但学生通过自主提问，从文章不同段落中多处提取信息并进行适当的整合，把一个个散落的"信息点"组成了系统化的"信息块"，从而系统地了解英国的历史。

　　此外，基于文本内容的提问还可以围绕文本中的某个或某些关键词展开。这些关键词是学生自主提问的脚手架，有了提问方向的指导，提问的难度明显降低，学生更能获得成就感。对这些关键词进行提问，可以帮助学生有条理地获取细节信息。

　　【课例片段 3】必修二 Unit 4 Reading and Thinking 板块阅读材料"What's in a Name?"第三段简要介绍了属于联合王国的四个国家共有的方面和不同点。教学时，教师要求学生快速阅读该段落后，找出本段的关键词 work together 和 some differences，再围绕这两组关键词对同桌进行提问。因为有了关键词的支撑，提问难度降低，学生的提问很顺畅：

　　Q1：In what areas do the four countries work together?

　　Q2：What differences do they have?

　　Q3：What information in this paragraph impresses you most? Why?

　　问题一和问题二直指两个关键词的具体内容。问题三在字面信息的基础上，需要学生运用比较思维表达个人观点，没有标准答案。学生自主提问和寻找答案的过程,也是系统地梳理本段落提及的四个国家的相同点和不同点的过程。

【课例片段 4】选择性必修二 Unit 1 Reading and Thinking 板块的阅读材料"John Snow Defeats 'King Cholera'",在分段落理解细节信息的过程中,教师提醒学生关注与主题关键词密切相关的重点信息。如,第一段可侧重从 John Snow 和 cholera 两个关键词进行提问。学生自主阅读后,围绕这两组关键词提出了如下问题:

Q1：What are the characteristics of cholera?

Q2：Why did John Snow become frustrated?

Q3：Why did the author mention "John Snow attended to Queen Victoria"?

Q4：What is John Snow's desire?

学生提出的这些围绕关键词的疑问,有效地聚焦了本段的关键信息。在这些问题的提出和学生互相答疑的思维碰撞中,学生初步感知到霍乱肆虐时期的严峻形势,以及斯诺对当时状况的忧虑和作为科学家所应具备的品质。

2. 深层信息提取：针对文本深层意义挖掘的提问

高中英语阅读教学不仅要帮助学生对语言(词汇和结构)和信息(文本的主旨大意和细节)进行表层的理解,而且还要帮助学生对文本

> 教师要帮助学生通过自主提问,自主、主动地对文本进行深层次的理解。

进行深层次的理解(葛炳芳,2013:46)。文本经过深层次的解读才是被真正理解。在主动阅读的背景下,教师要帮助学生通过自主提问,自主、主动地对文本进行深层次的理解,如文章中人物的情感态度、语言表达中的隐含意

义、文本的脉络层次和结构特点、主题意义的探究等。

（1）基于推理性信息的提问

文本中的内容并不总是一看就懂，有很多信息是需要经过读者深入理解、分析、比较、综合、归纳、推理等才能被真正理解。这种需要大量思维参与，经过推理后才能被获取的信息，我们称之为推理性信息。学生获取文本表层信息后，教师需要设计任务，引导学生以提问为支架，基于文中事实自主挖掘隐含于文字背后的推理性信息。

> 很多信息是需要经过读者深入理解、分析、比较、综合、归纳、推理等才能被真正理解。

【课例片段 5】选择性必修二 Unit 1 Reading and Thinking 板块阅读材料 "John Snow Defeats 'King Cholera'" 的第二段描述了当时关于霍乱病源的两种观点及斯诺需要通过研究找出真正的病源。在学生提出了涉及浅层信息的问题后，教师设计了"考考你的同桌"环节，要求每位学生开动脑筋，针对这一段文字，提出难度更大的问题考考自己的同桌。学生在游戏式活动的刺激下，积极思考，提出了如下问题：

Q1：Why did he need proof instead of just announcing his view?

Q2：What can be inferred about John Snow from this paragraph?

问题一表面问的是斯诺的行为，实质探讨了科学研究必须基于事实和逻辑，追求科学的真实性和准确性的科学家精神之求实精神。该问题的回答需要学生结合科学研究过程，进行分析、综合才能得出答案。问题二是对约翰·斯诺的人物品质进行推理。斯诺决心为自己的猜测找证据的严谨的求实精神、决心弄清为什么有两个街区的霍乱疫情特别严重的坚定精神以及他的调查研究的创新精神等，都可以从本段字面信息中逐一推理出来。学生提出的这两个需要深层次思考的问题，能有效地帮助挖掘文字背后的深层意义。

【课例片段6】必修三 Unit 5 Reading and Thinking 板块的阅读材料"The Million Pound Bank Note"是《百万英镑》戏剧第一幕第三场的剧本。作为戏剧题材的文学作品，文本中的人物对白中往往隐含有"潜台词"，即台词中隐含的信息，是需要读者推理的深层次信息。优秀的读者不仅要理解字面意义，还要理解剧中人物采用曲折的方式表达观点、愿望、意图时字里行间的隐含意义。针对这部作品的特色，教师可以在梳理文本信息后设计活动，引导学生找出文中有潜台词之处，积极思考，提出疑问。下面是课题组老师在课堂教学时，针对本文中的隐含含义理解进行自主提问的教学片段：

T：What do lines of dialogue tell us?

S1：The lines tell us plots.

T：Yes，great! And it also can tell us the person's personalities and his situations. These are hidden beneath the literal meaning. Can you find some words or sentences which have implied meaning?

学生仔细阅读后……

S2："I went to the American consulate to seek help，but… Anyway，I didn't dare to try again."

T：Yes，you've got it! Then do you have any questions about this sentence?

S2：What happened to Henry in the American consulate?

S3：Did Henry succeed in seeking help in the

American consulate?

S4：Why didn't Henry dare to try again?

……

在教师的引导下，学生在本环节中带着好奇心去寻找带有隐含意义的句子。继而，教师让学生对找到的句子进行提问。学生思考后所提出的三个问题能有效帮助他们再次深入思考，结合文中其他信息，分析、推理出答案。在推敲的过程中，学生能洞察字面下隐藏的深层意义，推断作者的言外之意。

（2）基于主题意义探究的提问

课标指出，英语课程应该把对主题意义的探究视为教与学的核心任务。教师要认真分析单元教学内容，梳理并概括与主题相关的语言知识、文化知识、语言技能和学习策略，并根据学生的实际水平和学习需求，确定教学重点，统筹安排教学，在教学活动中拓展主题意义（教育部，2020：57）。每一个阅读文本都承载着单元主题意义，引导学生加深对主题意义的理解，也是促进主动学习的英语阅读课堂中的重要任务。教师要关注的是如何设置任务或活动，引导学生主动思考后对文本中与主题相关的内容进行自主提问，在寻找答案的过程中，探究主题意义。

> 每一个阅读文本都承载着单元主题意义，引导学生加深对主题意义的理解，也是促进主动学习的英语阅读课堂中的重要任务。

【课例片段7】必修一 Unit 5 Reading and Thinking 板块的"The Chinese Writing System：Connecting the Past and the Present"是一篇介绍汉字发展的说明性文章。文本侧重介绍了汉字发展对中华文明数千年传承所起的积极作用，旨在让学生体会汉字的魅力，感受家国情怀,增强文化自信。本课题组的教师在执教该阅读课时,在学生自主按时间顺序梳理了汉字书写体系数千年的发展历史这一明线后,要求学生回到文章标题,思考标题中的哪个词或短语最吸引眼球。各抒己见后,大多数的意见都锁定在 connect 一词。然后教师设置任务,引导学生重新阅读文本,仔细思考,带着 connect 一词对文中的内容再次发出疑问。经过小组讨论和交流后,学生的提问如下:

Q1: How does written Chinese connect Chinese people today with those of the past?

Q2: Why is the writing system important in connecting the Chinese people and culture?

Q3: How does the Chinese writing system connect China and the world?

这三个问题共同围绕 connect 一词,分别聚焦了汉字书写体系在纵向时间维度上连接过去与现在,在横向地域关系上连接生活在不同地区的人们,在全球领域内连接中国与世界三个不同的角度。学生在这些问题的导引下,在回文本寻找答案的过程中,能深刻感悟汉字对中华文明传承、文化发展及对外交流中所起到的重要的连接作用。对汉字与中华文明传承的关系的探索和理解,增强了学生的民族自豪感和文化自信。标题中 connect 这一核心词的引出,也是教师为学生探究主题意义而进行自主提问所提供的有力的脚手架。学生顺着这一脚手架攀爬,以自己的疑问为导线,最终通往了文本的主题。

基于推理性信息和主题意义探究的自主提问及自主解疑,对学生的思维及语言表达都有较高的要求。教学中,教师还可以借助同伴的示范、榜样作用,带领水平相对较弱的学生,在耳濡目染中,在切身体验中,模仿、加工,最终学会在自主提问中挖掘文本的深层意义。

(二)语言表达视角的自主提问

语言是内容和思维的载体。阅读教学过程中,除了对语篇内容的解读和思维的培养外,教师还要引导学生对语言

> "词汇、技巧、逻辑"都值得学生关注。

表达进行深度探索。阅读的过程应该让学生充分理解文本的内容,品味语言的"色香味",让阅读成为一种享受,学生才能更好地吸收文本中的"营养"(王秋红等,2015:15)。为了实现表达目的,作者会选取特定的词汇,运用恰当的写作技巧,按照一定的逻辑来组织语言,表达观点。而这些"词汇、技巧、逻辑"都值得学生关注。促进主动学习的英语阅读课堂教学中语言的探究,可以是学生在自主提问、自主解惑的过程中,对不熟悉的词汇在语境下的学习,对文中语言表达的亮点进行品鉴,还可以对语篇逻辑进行分析。

1. 聚焦词汇意义的自主提问

词汇的理解是文本理解的基础。阅读时,学生难免会遇到一些影响理解的单词

> 对影响理解的单词或短语,教师只需提供机会,鼓励学生大胆提出疑问。

或短语。对这些未知的信息,学生自然会产生疑问。教师只需提供机会,鼓励学生大胆提出有关词汇意义的疑问。这些疑问提出后,还是需要学生自己去探索、解疑。具体的语境为学生提供了理解词义和掌握词汇用法的有利条件,也有助于学生感悟和发现词汇在使用中形式上的特点及变化(吕良环,2010:30)。为此,教师可以引导

学生尝试在语境下猜测词义,再通过自主查阅词典确认词义,最后进行自主造句,以实现深度理解词汇的意义。

【课例片段 8】选择性必修三 Unit 2 Reading and Thinking 板块的阅读材料"Habits for a Healthy Lifestyle"第一段课文原文如下：

As teenagers grow up, they become more independent and start making their own decisions. However，during this period, it can be easy for some of them to form bad habits. These bad habits, if left **unchecked**，could lead to more serious ones when they become adults. For example, some of them may become involved in tobacco or alcohol abuse，which can lead to physical and mental health problems. …

由于文中的 unchecked 一词从未在词汇表中出现，有学生在自主阅读时大胆地提出了疑问：What's the meaning of the word "unchecked" in Paragraph 1 Line 3? 针对这一对词汇意义的疑问,教师引导学生理解该词所在的句子及后面一句,在语境中先猜一猜可能的词义。有学生思考后回答 unchecked 的意思可能是"不被改变的",因为首先它的主语是 bad habits,后半句又说会导致更多的坏习惯,以及加上后一句对举例说明的理解。教师在充分肯定这一有理有据的推测之后,指导学生自己查阅词典,了解其含义。学生翻阅 Oxford Advanced Learner's English-Chinese Dictionary (《牛津高阶英汉双解词典》第 8 版)发现该词的释义是：if sth harmful is unchecked, it is not controlled or stopped from getting worse 不加约束的；不受限制的；放任的。学生发现,之前对该词义的推测不完全正确,但也比较接近。接着,教师让学生尝试用 unchecked 造句,加深对该词的理解。

以提出疑问为起点,后续对该词的猜测、查阅和运用都是主动学习的过程。疑问的产生,有效激发了学生在语境中猜测词义的积极性,使用词典也是学生主动学习能力的表现。词典释义与自己的猜测吻合时,学生的成就感会更好地促使其积极主动学习。

2. 聚焦写作技巧的自主提问

写作技巧是作者在写作过程中运用的方法和手段,旨在有效地表达思想和情感。写作技巧涉及表达方式,包括记叙、说明、议论等;修辞手法,如比喻、拟人、排比、反复等,这些手法能够增强语言表达的效果,使文章更加生动和具有感染力;结构手法,如承上启下、点题等,这些手法可以使文章条理清晰,便于读者理解和记忆;表现手法,包括幽默、讽刺、象征、烘托等,这些手法能够帮助作者更深刻地表达主题和情感。在学生自主阅读文本时,教师也要引导学生从文章的写作技巧角度提出疑问,通过关注写作技巧来帮助学生更好地品鉴语言,更深入地理解文本内涵。

【课例片段 9】必修一 Unit 4 Reading and Thinking 板块的阅读材料"The Night the Earth Didn't Sleep"是一篇报告文学,描述了我国 20 世纪 70 年代发生在唐山的大地震。该文本运用多种修辞手法来组织语言,引起读者的共鸣。

以下是课题组教师在执教该阅读课时引导学生通过自主提问关注写作手法的片段:

T：How are the damages caused by the earthquake described? Which sentence in the passage horrify you?

S1：It seemed as if the world were coming to an end! (Para. 2，Line 1)

S2：Nearly one third of the whole nation felt it! A

huge crack, eight kilometres long and 30 metres wide, cut across houses, roads and waterways. (Para. 2, Lines 4-5)

S3: Bricks covered the ground like red autumn leaves, but no wind could blow them away. (Para. 3, Lines 3-4)

S4: Hard hills of rock became rivers of dirt. (Para. 2, Lines 5-6)

S5: About 75 percent of the city's factories and buildings, 90 percent of its homes, and all of its hospitals were gone. (Para. 3, Lines 2-3)

S6: Tens of thousands of cows, hundreds of thousands of pigs, and millions of chickens were dead. (Para. 3, Lines 5-6)

...

T: Yes, you've got it. Then do you have any questions about these expressions in terms of writing skills?

S7: Why does the author use so many numbers?

S8: Did the world really come to an end? Then, why does the author write that?

S9: Which sentence impress you most? Why?

学生在教师的引导下，一一找出文本中描写地震对唐山造成严重破坏的语言表达。这些表达涉及了夸张、明喻、暗喻等修辞手法以及列数字等说明手法。寻找的过程是让学生体验语言的过程。当教师要求学生对这些语言表达从写作技巧上重新审视时，学生提出的疑问可以帮助其进一步意识到写作

教师要求学生从写作技巧上重新审视时，学生提出的疑问可以帮助其进一步意识到写作技巧的重要性。

技巧的重要性：可以使文章更吸引人，更有画面感，也更能触动读者的情感。

【课例片段 10】课题组教师在执教选择性必修二 Unit 1 Reading and Thinking 板块的"John Snow Defeats 'King Cholera'"一课时，针对文本的语言表达，在读后环节设计了"亮点品鉴"活动，要求学生再次仔细阅读全文，关注语言，展开自主提问，品评赏析文章的写作技巧。

有学生提问：Why did the author use "saw" in the first sentence of the last paragraph? Shouldn't the subject of "see" be a person? （原句呈现：Through Snow's tireless efforts, water companies began to sell clean water, and the threat of cholera around the world **saw** a substantial decrease.）这一疑问引起了大家的注意，同学们纷纷表示困惑。这时，教师适时提供帮助，在黑板上写下两个例句：Last weekend <u>saw</u> an exhibition on Chinese paintings in the gallery. This stadium has <u>seen</u> many thrilling football games. 让学生观察这两个句子的主语和句意。学生发现，第一句的主语是时间，第二句的主语是地点，see 在句子中可以理解为"见证，目睹"。教师总结道：这种以无生命的事物作主语称为无灵主语，可以增加句型的多样性，并使句子显得灵动。

学生对语言表达方面的疑问，是阅读教学中处理语言的良好契机，教师可以充分抓住学生的好奇心和困惑，在和学生一起答疑的过程中，强调语言风格、某些词的画龙点睛功效等，教学效果比传统的"教师讲，学生记"好得多。

3. 聚焦语句间逻辑的自主提问

语篇的衔接（cohesion）是指句子与更大的文本单位

"粘合起来"并传递意义的特殊方式（Bluett ＆ Shuttleworth，转引自葛炳芳，2013：49）。连贯（coherence)则超越了句子/话语层面，是指整个话语或文本如何传递意义。无论是使用连词和语篇标记、重复词汇、句法与声音、省略、替代、句子/话语中的语义与语法联系，还是利用前指与后指或者情节（叙事文体中），都是实现语篇连贯的重要手段(葛炳芳，2013:49)。语篇的衔接和连贯也是文章语言表达的重要构成部分。教师可以指引学生从语句间的逻辑角度进行自主提问，关注语篇的衔接和逻辑。

> 教师可以指引学生从语句间的逻辑角度进行自主提问，关注语篇的衔接和逻辑。

【课例片段 11】课题组教师在执教选择性必修二 Unit 1 Reading and Thinking 板块的阅读材料"John Snow Defeats 'King Cholera'"时，在关注语句之间连接的任务驱动下，学生再次阅读文本，发现文中用了很多连接词，如：however, consequently, what is more, as a result of, accordingly, moreover 等，每段都有。此时，有学生提出疑问：Why did the author use these words and expressions in the text? What's the function of them? 对于这些疑问，教师要求学生仔细阅读连接词前后的句子，体会其逻辑关系，找出答案。学生自主思考和互相讨论后发现，这些连接词的运用使句与句之间的逻辑关系更清晰，语篇更连贯，有助于阅读时更好地理解文本。借此，教师指引学生在写作中也要关注连接词的运用以促进语句间的逻辑连贯。学生通过自主提问、自主探究

> 学生通过自主提问、自主探究答疑来关注语言，可以更真切地体会语言表达的准确性、生动性和逻辑性。

答疑来关注语言,可以更真切地体会语言表达的准确性、生动性和逻辑性。质疑、分析、鉴赏语言的过程,也是学生主动思考、深层理解文本的过程,促进了深度学习。

(三)高阶思维视角的自主提问

课标指出,教师要在帮助学生发展语言能力的同时,促进他们思维品质的发展(教育部,2020:54)。思维品质体现英语学科核心素养的心智特征,指思维在逻辑性、评判性、创新性等方面所表现的能力和水平(教育部,2020:5)。阅读时,需要学生对信息进行分析、综合、推理、判断,是积极的信息加工过程。阅读在学生思维品质的培养,尤其是高阶思维培养方面具有得天独厚的优势。

布鲁姆教育目标分类理论把人的认知思维过程从低级到高级分成了六个层次:记忆、理解、运用、分析、综合和评价(Bloom,1956:58)。记忆、理解和运用关注信息检索、识记、回忆、领会、解释、辨析和应用,属于低阶思维。分析、综合和评价关注推理、判断、迁移、重组、创造、批判和评判,属于高阶思维。阅读中高阶思维的设问注重引导学生通过推理与判断得出结论(分析),在迁移、重组的基础上应用知识(综合),并有理有据地反思和评判(评价)(林燕,2020:13)。主动阅读教学时,教师应注重引导学生基于高阶思维视角进行自主提问,帮助学生挖掘文本中蕴含的情感态度、意图目的、观点主张等,培养其分析、综合、评价能力。

1. 聚焦写作意图分析的提问

任何一篇文章都是作者带着一定的目的去写作的。揣摩作者的写作意图是读者阅读时不可忽略的环节。写作意图的揣摩需要通过分析文本的遣词造句和行文布局,深入挖掘作者的隐藏用意。在促进主动学习的英语

> 写作意图的揣摩需要通过分析文本的遣词造句和行文布局，深入挖掘作者的隐藏用意。

阅读课堂教学中，教师应该引导学生就写作意图开展提问，通过对之前获取信息的分析整合，深入理解文本内涵，以获得作者要表达的真实意图，实现与作者互动交流的目的。

【课例片段 12】必修二 Unit 3 Reading and Thinking 板块的阅读材料讲述了英国一位 50 岁失业女教师不仅使用互联网改变了自己的生活，还帮助了其他老年人学会使用互联网，从而改变了他们的生活的美好故事。通过阅读，学生对文章的主要内容能获得清晰的了解，但也很容易忽略对作者真正的写作意图的挖掘。因此，教师可以在读后环节设置任务，要求学生根据阅读过程中所获取的信息和文章标题（见图 3.1），通过同伴讨论，尝试提出思维层次更高的疑问并作答。

Stronger Together: How We Have Been Changed by the Internet

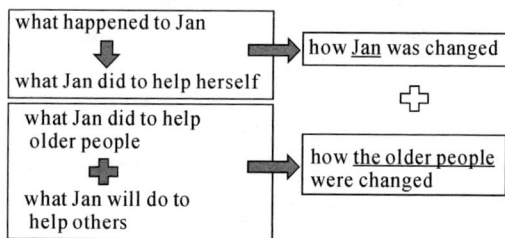

what happened to Jan
↓
what Jan did to help herself
→ how Jan was changed

✚

what Jan did to help older people
✚
what Jan will do to help others
→ how the older people were changed

图 3.1　文本核心信息图

学生思考、讨论后提出的疑问有：

Q1：Why did the author write about Jan's experience of helping other older people learn to use the Internet, after writing about Jan's own experience?

Q2：How can we understand "Stronger Together"

in the title? What did the author want to tell us?

　　学生在文本信息结构图的有力支撑下，深入思考，所提出的两个问题分别从文本内容的安排和标题核心关键词，以及对作者为什么要这么写和标题深层次含义提出了疑问。在这些疑问的指引下，学生重新回顾课文内容及语言表达，深入思考后推断出作者不仅想要分享互联网给 Jan 带来的积极影响，更希望传递一种积极的正能量，激励个人在消除数字鸿沟方面贡献自己的力量，并鼓励更多人参与到这一有意义的事业中。挖掘了作者的写作意图后，学生对文本的主题意义也会有更深刻的理解。

2. 聚焦观点分析评价的提问

　　评价思维也叫批判思维，是建立在逻辑思维的基础上，通过分析和评估做出更优的判断（汤云翔，2020：57）。课标指出，教师要鼓励学生学习和运用语言，开展对语言、意义和文化内涵的探究，特别是通过对不同观点的讨论，提高学生的鉴别和评判能力（教育部，2020：16）。人教版高中英语教材的阅读材料有很多涉及作者观点、文中人物观点等信息，教师可以设置任务搭建自主提问平台，引导学生对文本中的观点、证明观点的理据等进行鉴别、评价。评价是多元的，没有标准答案，合理即可。学生评价时，教师要启发学生深入思考，做到有理有据，并鼓励其大胆表达自己的想法。

> 教师要启发学生深入思考，做到有理有据，并鼓励其大胆表达自己的想法。

　　【课例片段 13】必修三 Unit 4 Reading and Thinking 板块的阅读材料 Space：The Final Frontier 是一篇探讨人类探索太空是否值得的议论文。学生通过阅读可以了解人们对待这个有争议的话题的不同态度和不同视角，分析评判后帮助形成自己的观点。在学生自主梳理了两种对太空探索的不同观点及其理由后，教师可以布置任务让他们结合单元主题 Space Exploration 对本文中的各种观点进行自主提问，讨论、评价，甚至质疑这些观点，提升分析和评价的思维能力。学生经过小组讨论后择优汇报的问题如下：

Q1：What is the writer's attitude towards space exploration? How do you know?

Q2：Do you think the three reasons are well-chosen? Why or why not?

Q3：What is your opinion on space exploration? State your reasons.

Q4：What ideas/reasons impress you most? Why?

学生所提的问题都聚焦了对于文中观点及其理由的评判，也能根据自己的判断和思考形成自己的观点。在文本第一段并没有明确表明作者观点的背景下，问题一的提出可以引导学生通过重新审视全文并在最后一段找到作者重述观点的句子来理清作者的观点和立场。问题二是针对三个理据选择的合理性进行思考，提供了对文中所用理据质疑和评判性思考的机会。问题三直指读者的观点，是读者在阅读中获取信息、分析信息之后形成的自己的观点，是新的产出，也是创新。问题四需要学生对文中的观点和理据再次审视、鉴赏，以评判的观点来评价作者表达的内容和使用的语言。这些问题都是学生启动评价思维、深入思考后的成果。在不断发展思维的过程中，学生也成了一个有评判力的读者。

在阅读过程中，帮助学生掌握有效的提问策略和提问视角，可以使其更容易发现问题，提出有价值、有意义的问题。教师精心组织学习活动,从不同的角度指导学生以问题的思维形式思考,在阅读与思考中提出问题,解决问题,成为主动的阅读者。教师对于提问策略的指引,能有效帮助学生在实践中将其内化为自己的提问能力。

学生自主提问并不是完全放手,教师要运用智慧为学生搭建提问视角与方式的脚手架,通过教师示范、教材示范、同伴示范等维度展开,在实践中步步为营地引导。在这一过程中,教师对学生提出的问题给予充分的肯定及包容很重

> 学生自主提问并不是完全放手,教师要运用智慧为学生搭建提问视角与方式的脚手架,通过教师示范、教材示范、同伴示范等维度展开。

要,足够的安全感可以帮助学生从"怕问"向"敢问"和"善问"转变,从而真正实现主动学习和自主阅读。

基于此,本课题组对于学生主动阅读中自主提问能力的培养,以师生双方的自主提问意识的培养为出发点,从"内容、语言、思维"三个维度示范,指引学生采用自主提问的视角和方式(见图3.2),以期养成学生的自主提问能力。

图 3.2 学生自主提问能力培养路径

三、阅读教学中自主提问能力培养策略

意义为先的自主生成，就是让学生自主提问，进而在自主解疑的过程中梳理基本信息、生成语言的结构化梳理。需要注意的是，自主提问的方法和技能、自主提问的时机、自主而无干扰的阅读时间以及课堂学习任务单的设计与使用都需要教师在教学设计时进行充分考量（葛炳芳，2023：5）。自主提问是学生主动阅读的起点。只有学会自主提问，才能引导学生进行深层次的自主阅读。目前阅读教学中，学生的自主提问以零散为主，缺乏系统的建构；大多提问停留在读前预测环节，且预测性的自主提问也存在思维局限、数量有限、质量不高等不足。探索如何引导学生系统地、在阅读的不同阶段动态地开展不同形式的高质量的自主提问，以自主提问激活思维，促使学生深入探究、主动构建意义，是本课题组着力探究的重点。

> 只有学会自主提问，才能引导学生进行深层次的自主阅读。

经过近两年的思考、摸索、实践、反思、改进、再实践，本课题组发现，学生在"自主提问—自主解疑—产生新问题—解决新问题"的循环反复模式中，随着输入的不断增加，原有认知和新知的不断碰撞，其所提问题的数量和质量呈螺旋式上升，其主动阅读理解的层次也在不断深入。体现在阅读课堂教学中，学生在教师的引导下积极启动思维，自觉主动地对阅读材料产生疑问，积极发问，从读前对阅读语篇预测性的提问；到读中对语言、内容的困惑及对文本内涵、写作手法、写作意图等的进一步思考，并在与文本、师生、生生的互动过程中自主解惑；再到读后对主题意义的探究性思考及质疑性提问,层层推进,逻辑上升地培养自主提问能力(见图 3.3)。

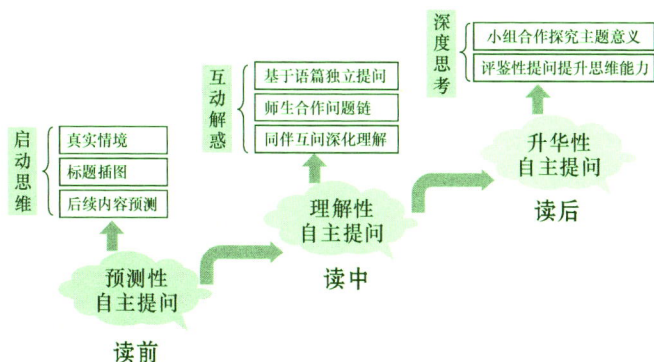

图 3.3　阅读教学中学生自主提问能力培养策略

(一)读前预测性自主提问

　　课标在语篇知识、语言技能等方面都对阅读预测做出了明确的要求。如,通

> 读前环节是引导学生对阅读文本进行预测的良好契机。

过语境预测语篇内容;根据语篇标题预测语篇的主题和内容、体裁和结构;根据语境线索或图表信息推测语篇内容;通过预测和设问理解语篇的意义等(教育部,2020:27、36、37)。读前环节是引导学生对阅读文本进行预测的良好契机。学生在预测的基础上阅读文章,能促进其主动思考,积极验证和评价预测的准确性,形成深层次思维。引导学生通过自主提问对阅读文本内容进行预测是开启阅读的第一步,也是激活学生思维的第一步。

1. 立足真实情境的自主提问

课标强调教师要重视真实情境的创设，要围绕主题创设情境，激活学生已有的知识和经验，铺垫必要的语言和文化背景知识，引出要解决的问题。情境创设要尽量真实，注意与学生已有的知识和经验建立紧密联系（教育部，2020：62、63）。这就

> 真实情境的创设可以是文本主题与学生生活学习经历的交汇点；也可以是沉浸式的氛围打造。

要求教师在阅读教学中，积极创设问题情境，引起学生思维，营造自主提问的氛围。真实情境的创设可以是文本主题与学生生活学习经历的交汇点，帮助学生建立新旧知识的联系，促使学生从已知到想知；也可以是沉浸式的氛围打造，让学生在身临其境、感同身受中启发思维，发出疑问。教师可以借助图片、视频、生动的语言描述等创设情境，用新旧知识的联系激发学生进一步学习的动机。学生的思考需要情境的支撑，生动、真实的问题情境可以有效引起学生的注意，激发其好奇心和求知欲，继而产生提问的动机。

【课例片段 14】以下是本课题组所观察的丁老师在执教必修三 Unit 5 Reading and Thinking 板块 "The Million Pound Bank Note" 一课时，读前预测部分的教学片段。

课堂一开始，丁老师在 PPT 上呈现四张学生戏剧表演的剧照并发出疑问：Can you tell us what they are doing? 有学生回答：They are playing an opera. 丁老师补充：Actually, they are acting out a play called *Macbeth* written by Shakespeare. 然后指出：Today we are going to read a play. This is the picture for you. 呈现图片（见图 3.4）后告知学生：This is a scene from a play that we are going to read. What do you want to know about it? Can you raise some questions? Don't open your books. 看学生没什么回应后，丁老师马上做出示范：For example，I can see three men in the picture，so I'm wondering who they are. 并在黑板上写下第一个预测的问题 Q1：Who are they? 并告知学生：You can raise questions like that. So what is your question? What do you want to know about the play?

在丁老师的引导下，学生开始渐渐尝试提出自己的疑问：

S1：What is the letter in the man's hands?

S2：What are they doing?

S3：Why do they do it?

S4：What happened?

S5：What are they talking about?

图 3.4　《百万英镑》剧照

在引导学生自主找出戏剧六要素之后，丁老师又追问：From which part can we find the answers to those questions on the blackboard?（the background or the narration）然后让学生自主阅读并寻找答案。

【说明】本课伊始丁老师从学生的戏剧表演剧照入手引出话题，在能引起学生共鸣的真实情境中激活学生的已知。接着呈现的《百万英镑》剧照图片也是生动、真实的问题情境，学生在仔细观察后自然能对图片信息产生疑问。

值得指出的是，在学生对如何进行自主提问比较茫然之时，丁老师及时搭建支架做出了示范。教师自身示范如何提出问题，可以帮助学生学习提问的方式与技巧。教师可以作口头和板书的示范，为学生提供可以效仿的提问思路。学生通过教师示范，而不是被告知答案的方式习得技能，会对这些技能的体会更深刻，掌握得更扎实。示范阶段，教师也要善于观察学生的表现，对于进步巨大、表现突出的学生及时地给予肯定与表扬；对于还不太会提问的学生再次进行示范与指导。此外，教师也要透过学生的表现及思考过程反思自己示范的有效性，为后续的示范提供改进方向。此时，教师关注学生的表现，并不是为了评价，而是为了激发他们主动阅读的动力和提升自主提问的信心。

在教师的示范和耐心等待下，学生慢慢开始提出自己的疑问，启动思维，有所产出。虽然学生的提问比较简单，个别问题之间信息也有所重合，但丁老师依旧把这些问题一一写在黑板上。丁老师的包容和对学生表现的肯定，给了学生巨大的鼓舞和自信，也为后续教学环节中学生自主提问热情的绽放奠定了坚实的基础。在训练之初学生还不太会提问的阶段，要给予学生足够的信心和安全感才能保障学生有勇气说出心中所想。这就需要教师提供舒适的提问氛围，如亲切和蔼的教态、表扬的话语，并通过把学生提出的所有问题不予否定地书写在黑板上，以给予学生充分的肯定和鼓励等。

【课例片段 15】课题组教师在执教选择性必修二 Unit 1 Reading and Thinking 板块的"John Snow

Defeats 'King Cholera'"一课时,在课堂导入环节,播放了一段 2022 年年底国内民众新冠感染严重的新闻视频。在强烈的视觉冲击和真实的情境中,学生的情绪被感染,思路被打开,对话题的兴趣被激活。当教师提问"How do you feel after watching the news report?"时,学生能自然地表达出担忧、难过等情绪。在这样的情境中,更有学生情不自禁地发出疑问:

Q1：What can we do to protect ourselves from coronavirus?

Q2：How can we improve our immunity?

Q3：How can we make our contributions to preventing the spread of coronavirus?

这些关于如何预防新冠感染、提高免疫力和表示想为新冠感染的防控贡献自己力量的提问,就是在教师创设的情境中自然地发生的。真实的自主提问情境的营造,有助于学生在课堂伊始就能以积极的学习主体姿态进入阅读状态。而这些疑问的答案,也将会在学生投入地阅读完约翰·斯诺的科学探索故事后浮出水面,使得学生能用所学的知识解决新问题。

真实情境是产生问题、引发学习动机的重要因素,也是促使学生对阅读文本内容积极预测的有效媒介。学生心存疑问,才会产生探索的欲望,才会全身心投入,主动学习才会发生。

2. 基于标题插图的自主提问

文题是文本内容的高度提炼,是学生预测文本主要内容及隐含信息的重要线

> 文题是文本内容的高度提炼,是学生预测文本主要内容及隐含信息的重要线索。

索。插图是文本内容的部分呈现，是理解文本内容的辅助信息。教师引导学生根据文题和插图对文本进行预测提问，可以有效激活学生的思维，激发学生的学习内驱力（钟影萱、张小华，2023：12）。在刚开始的主动阅读教学中，教师通常会让学生基于标题和插图进行一次自主提问，但我们发现，此时的提问往往思维比较局限，提问关注的多是浅层信息且数量有限。经过摸索、尝试后，本课题组发现基于标题和插图开展两轮预测性自主提问能更好地推动学生的思维从一般到具体的逐步转化，提出更多有层次的、有深度的问题。具体而言，教师可以先让学生基于标题进行第一轮自主提问，预测文本内容，再基于插图进行第二轮自主提问，进一步激发学生的阅读期待。第一轮的自主提问由于标题的概括性特点往往较笼统，第二轮的自主提问由于插图隐含许多细节性信息往往更细致、更具体化。

【课例片段 16】必修二 Unit 1 Reading and Thinking 板块的阅读材料"From Problems to Solutions"是一篇叙事文本，记叙了阿斯旺大坝修建过程中文化遗产保护面临的挑战、解决问题的措施及全过程。以下是本课题组观察马老师执教该阅读课的教学片段实录：

T：Let's have a look at this title of today's lesson "From Problems to Solutions". With only this title, with only this little information，can you have a guess, what will be talked about in this passage?

S1：What are the problems? And what are the solutions?

T：Great! Now I'll give you two more pictures. Look，there are three faces，right? Actually，these three faces were cut down from the statues here in front of this temple. According to the title and the pictures below, what will possibly be talked about in the passage? Do you need time to discuss?

(*1 minute later*)

S2: It's about how to protect Egyptian statues.

S3: I think it also talked about why we should use this different method to protect these statues by cutting them off.

T: Yes. You mean "Why did they choose this method?".

S4: Who protected the statues?

T: Thank you, Angela. This is a very good question. Don't worry, you can say anything about it.

S5: Where will the statues be moved to?

T: Good question. Thank you very much. But I think this question will belong to "How to protect Egyptian statues?". Right?

S6: When did they find out the problem and when did they figure out the solution?

T: I think your problem can be concluded into one word "process". The whole process of solving one problem. Anyone else who will raise more questions?

S7: Why do people have this problem?

T: Yes. Why did they have this exact problem? Anything else? Share your ideas, please.

S8: How did this problem influence people's life?

T: So we will talk about "influence" here. I think these are brilliant questions here.

...

【说明】学生在观察标题后,非常迅速地就标题中的两个关键词一次性提出了两个问题。但这两个问题只是聚焦事实细节信息的浅层问题,也比较笼统抽象。接着,马老师又呈现了两张课文插图。对两张插图的关键信息简要讲解后,马老师抛出任务:根据标题和插图进行第二轮预测性自主提问。为了给予足够的安全感,马老师还贴心地给了学生一定的时间进行讨论。一分钟后,在教师的鼓励、耐心的等待和同学的示范下,越来越多的学生积极思考,提出了7个更有针对性、更具体、与阅读文本信息更贴近的疑问。两轮的自主提问形式,有效地改善了之前就标题和插图进行一次性的自主提问存在的笼统、浅层、提问数量少等弊端。

从课例片段中我们不难看出,马老师的教师话语中有大量的鼓励性语言激励学生发问。在学生思考、犹豫是否举手回答的空隙,对学生进行肯定、表扬和鼓励,给予他们轻松的自主提问氛围,这也是培养学生自主提问能力的有效手段。对于学生一些还有语法错误的表述,马老师也是很自然地进行纠正再写到黑板上,在学生不尴尬的同时也鼓励学生大胆表达自己的想法。

需要注意的是,由于学生长期处于被动学习的状态,并且笼统地看标题和插图中的信息,学生在读前预测阶段提出的问题往往具有浅层性、碎片性、与文本内容关联性不强等特点。读前预测并不等同于头脑风暴,在肯定学生积极思考的成果之余,教师还需要费点心思,对学生所提的问题进行分类、整理、概括等,对学生产出的内容结构化,引导学生把浅层次的问题上升为深层次的问题,提高课堂效率的同时也拓展了学生思维的深度。

读前预测是新旧知识联结的过程,也是学生的结构化知识初步形成的重要环节。教师需要启发学生把零散的预测内容联系起来，形成一定的结构体系（邹必影，2022:36）。马老师的教学片段里就运用了多种策略结构化信息。例如，把学生第二轮预测时提出的零散的问题依次板书在第一轮提问提出的"What are the problems?"和"What are the solutions?"两列中（见图3.5），在视觉上清晰地告诉学生，刚刚提出的这些问题分别属于这两个类别。通过对学生自主提出问题的分类、整理，可以帮助学生在后续阅读中将提取的信息结构化，也有效改善了学生自主提问碎片化的弊端。马老师还对学生的提问进行归类、整合。当学生提出"Where will the statues be moved to?"这一问题时，马老师在肯定学生提问的同时，把这个问题归类到了之前其他学生提出的"How to protect Egyptian statues"中。这样的归类整合和示范指导了学生如何提出思维层次更高、更上层的问题。此外，马老师把学生提出的"Who protected the statues?"概括为"participant"并在该问题后板书；把"When did they find out the problem and when did they figure out the solution?"概括为"process"。对学生的提问进行概括也是示范提升思维品质的途径，更是指导了学生提问的视角和方向。

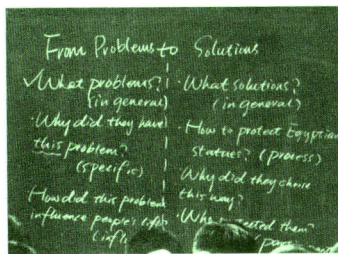

图 3.5　马老师自主提问环节的板书

【课例片段 17】必修三 Unit 2 Reading and Thinking 板块的阅读材料是一篇人物传记,按时间顺序记录了林巧稚的一生及其曾面临的艰难人生抉择。该文本的标题为"Mother of Ten Thousand Babies",并附有两张林巧稚的插图。以下是本课题组观察的洪老师在读前环节基于标题和插图引导学生自主提问的课堂实录。

T：When you read the title, what questions come into your mind?

S1：How could she have ten thousand babies?

S2：Who is she?

T：Anything else? OK，now let's look at the two pictures at the passage to see if you could answer the questions you raised just now. So now do you know who she is?

S3：She is Lin Qiaozhi.

T：How could Lin Qiaozhi have ten thousand babies?

S4：She has successfully delivered ten thousand babies.

T：So we have solved these two questions. Based on the title and two pictures, what's your first impression of her?

S5：She is a kind, caring and loving mother.

T：How do you know that?

S5：In Picture 1, she was touching the baby lovingly，with a big smile.

S6：She is responsible.

T：How can you know that?

S6：Because the title tells us she delivered ten

thousand babies.

【课例分析】在执教该阅读课读前的自主提问环节时，洪老师引导学生先关注标题提出自己的疑问。由于标题信息概括性很强，学生只提出了两个涉及较浅层信息的问题。接着，洪老师呈现两幅插图，引导学生根据插图信息回答之前同学提出的两个问题。顺利解决了那两个问题后，洪老师又抛出一个任务：基于标题和图片信息，概括对林巧稚的第一印象。在学生表述了林巧稚的人物品质后，教师要求学生说出推理的依据。对推理依据的呈现是对学生思考过程的回溯，有助于学生形成逻辑思维的严密性。虽然此环节学生只提出了两个问题，但教师通过引导学生对标题和插图层层深入的解读，同样激起了学生对文本强烈的好奇心和阅读欲望，也为接下来的任务作好了充分的铺垫。

人教版高中英语教材的阅读材料内容丰富，每一篇文章都有自己的特色。教师教学时，可以先基于标题再基于插图进行预测性自主提问，引导学生从笼统到具体地提出更多与文本信息吻合度更高的问题。

提问，引导学生从笼统到具体地提出更多与文本信息吻合度更高的问题；也可以先根据标题进行预测，再提供图片，引导学生根据图片信息先解决一部分之前的疑问，再提出更多的疑问。无论采取哪一种教学方式，都是从学生视角出发，吻合学生的认知、学习规律，都能激发学生的阅读期待，为后续的自主阅读、自主解疑起到有效的导引作用。

3. 对后续内容预测的自主提问

在阅读中，读者积极、主动地对文章内容和结构进行

> 教师可抓住文本总起段落中预测思维的生长点，设置任务引导学生对后续内容进行预测性自主提问。

预测是提高阅读效率的重要方法和手段（Grellet，2000，转引自高晓芳、许文梅，2019：22）。读前预测不仅仅发生在学生接触文本前，还可以发生在学生初步接触文本时。在基于标题、插图的自主提问预测文本内容后，教师还可以抓住文本总起段落中预测思维的生长点，设置任务引导学生对后续内容进行预测性自主提问。

【课例片段18】继课例片段17洪老师引导学生基于标题、插图的两轮预测后，她继续带领学生进行基于文本内容的第三轮自主提问。以下是洪老师教学片段实录。

T：Do you want to know more about her?

Ss：Yes.

T：Now let's read some of her words.

Ss："Life is precious. … To a person nothing is more precious than their life，and if they entrust me with that life，how could I refuse that trust，saying I'm cold，hungry，or tired?"

T：After reading these words，what is your impression of her?

S1：I think she is a selfless person，and she thinks it a good thing to help others.

T：Can you find some key words in this part to show she is selfless?

S1："… how could I refuse that trust，saying I'm cold，hungry，or tired?"

T：So she would choose patients rather than her own needs，right?

教师的 PPT 上呈现课文第一段文字的剩下部分。

T：This is the first paragraph of this passage. Based on this，what do you think will probably be talked about in the following paragraphs? Pay attention to the key words. You can have one minute to discuss.

S2：What kinds of hard choices did she experience? (Q1)

S3：Why did she make these choices? (Q2)

S4：What did she do when facing these choices? (Q3)

S5：What did she get from making these choices? (Q4)

S6：What did she do after making the choices? (Q5)

T：You've raised so many questions. Now let's try to summarize and sort these questions out. Q1 and Q2 are about her choices. (在这两个问题后板书 choice) Q5 is about …

Ss：Her actions.

T：Action or experience，you mean? (在 Q5 后板书 experience) What about Q3?

Ss：Reasons.

T：Reasons or as we have just mentioned，her principles. (在 Q3 后板书 principles)What about Q4?

S7：Achievements.

T：Of course, there are something more she could get. Let's find it later. (在 Q4 后板书 achievements or more) Now we'll read the passage to answer these questions.

【说明】让学生阅读第一段林巧稚说的话，概括对林巧稚的印象并给出理由，也是为接下来的自主提问作铺垫。学生在这些信息的铺垫下，在阅读第一段文字后，积极思考，围绕关键词提出了自己对后续文本内容预测性的疑问。针对学生的提问散乱、不够精准的特点，洪老师引导学生对这些问题的聚焦点进行概括并板书。经过归纳、梳理，碎片化的信息得到了重组。学生所提出的这些预测性问题正好能组成一条统领文本内容的主线：做什么选择——做选择所经历的——做选择的准则——做出这些选择后的收获。在这样的主线信息的引领下，学生对后续内容的理解会更有条理。

> 在教师和同伴的示范下，学生对自主提问任务会有更清晰的认知。

在归纳的过程中，我们观察到，在教师和同伴的示范下，学生对自主提问任务会有更清晰的认知，在对最后一个问题进行归纳的时候，有学生积极主动说出自己的答案，令人欣喜。

（二）读中理解性自主提问

读中阶段是阅读理解的核心环节。学生阅读文本，边读边思考，是对文本主动解读的过程。"一千个读者眼中有一千个哈姆雷特。"文本解读存在不同的解读视角，并没有统一的标准。从对词汇、句意的解读，对文本信息的解读，对框架结构的解读到对写作意图、主题意义的解读等，每一个层面的解读都离不开思维的参与。思维参与的过程难免会产生疑问，这些疑问可以是对生词、句意的疑惑，也可以是在解决之前的疑问、接触新的内容后，又产生的新的问题，还可以是对下文展开的新的预测（宋

颖超,2024:61)。疑问的产生助推了文本的深入解读。教师要充分利用读中环节,

教师要充分利用读中环节,为学生搭建自主提问的平台,呈现学生自主解读文本的过程。

设置任务,调动一切有利因素为学生搭建自主提问的平台,呈现学生自主解读文本的过程。

1. 基于语篇自主补充提问

语篇赋予语言学习以主题、情境和内容,并以其特有的内在逻辑结构、文体特征和语言形式,组织和呈现信息,服务于主题意义的表达(教育部,2020:59)。因此深入研读语篇,是学生主动阅读时的核心任务。研读语篇就是对语篇的主题、内容、文体结构、语言特点、作者观点等进行深入的解读(教育部,2020:59)。引导学生在阅读时积极思考,继续针对语篇展开补充提问,是培养学生自主提问能力、促进学生主动学习的有益手段。

教师可以在学生首次阅读文本时,要求学生除了在整体阅读基础上自主解疑读前提出的预测性问题外,还要积极思考,在段落旁标注阅读过程中产生的新的疑问,或者教师提供自主提问支架,如表格、思维导图等,帮助学生在阅读过程中进行补充提问。需要指出的是,为突显学生阅读和思考的主动性及学生主动体验的过程,教师要为学生提供无干扰的阅

教师要为学生提供无干扰的阅读与思考机会,让学生自己产生疑问。

读与思考机会,不做太多的规定来限制学生提问的方向,让学生自己产生疑问,进行自然的阅读。阅读课的关键就是要保证学生有充足的时间进行无干扰的阅读,学生按照自己的节奏与习惯,运用阅读技能,充分理解语篇

（张成年，2024：50）。

【课例片段 19】本课题组教师在执教必修三 Unit 5 Reading and Thinking 板块"The Million Pound Bank Note"一课时，在读中环节设计了学生自主阅读补充提问任务，以下是教学片段。

教师带领学生读前预测性自主提问之后，给予学生 10 分钟时间仔细阅读课文，积极思考尝试回答板书之前所提的问题，并提出阅读过程中产生的新疑问。这些疑问没有限定和要求，只要是自己阅读时不明白之处或心存好奇之处都可以。学生在充分的阅读和思考后，提出的问题有：

Q1：What happened to Henry when he was in the American consulate?

Q2：When can we turn to the American consulate for help?

Q3：Why did Roderick say "It's an advantage."?

Q4：What does the word "charity" mean in the sentence "Oh, no, I don't want your charity."?

Q5：Why did the brothers ask Henry not open the letter until two o'clock?

教师对学生的表现给予表扬的同时，板书所有的问题，并邀请全班同学一起帮忙解决这些疑问。

【说明】Q1 是学生理解了文本字面意思之后，对文字背后的隐含意思发出的深层次的疑问，对该问题的回答也需要学生运用推理、想象等思维。在学生回答后，教师播放了之前亨利在美国领事馆求助的电影片段以验证学生的回答是否合理。在看到自己的推理与原文接近后，学生的喜悦溢于言表。Q2 是学生对"美国领事馆"相关信息的疑问，在一些学生回答后，教师补充信息，帮助学生对领事馆的功能有深入的了解，加强了背景信息的输入。Q3 也是对文字背后隐含意思的发问，对该问题的解答能有效促进学生对文本内容的深层次理解。Q4 是对词汇意思发出疑问。词汇量大的学生脱口而出 charity 的词义是"慈善"，但马上又有学生提出疑问。教师借机让大家尝试在语境中猜测词义。有学生猜测是不是"施舍"的意思。接着，教师让大家查阅词典自己验证，发现 charity 的确有"赈济、施舍"之意。学生对该词义发出的疑问，帮助大家在解疑的过程中强化了语境下猜测词义的能力并对熟词生义有了进一步的熟识。对于 Q5，教师先让学生此时自己推测原因，自由发表想法，再在后续情节的阅读中解疑。

　　这些问题从不同的视角提出，也反映了学生不同的思维层次和关注点。无论何

> 无论何种类型的提问，都是学生自主阅读并思考的真实生成，都是值得鼓励和肯定的。

种类型的提问，都是学生自主阅读并思考的真实生成，都是值得鼓励和肯定的。教师带领学生共同解疑的过程也是主动学习真正发生的过程。学生的收获一定比"教师设计问题学生回答"的模式更大，印象更深。

　　【课例片段 20】选择性必修一 Unit 2 Reading and Thinking 板块阅读材料"Smart Homes to Make Life Easier"是一篇介绍未来智能家居的科普说明文。在读中环节，教师同样布置学生无干扰自主阅读文本的任务，针对语篇提出心中的疑问。学生阅读思考后，提出了如下问题：

　　Q1：Why does the author start the first paragraph with two questions?

　　Q2：Why does the author use "will be living"

instead of "will live" in Paragraph 1?

　　Q3：What will the future home bring us with the help of intelligent controls?

　　Q4：What's the meaning of the sentence "In this sense, the home of tomorrow is already the home of today." in the last paragraph?

　　Q5：What's the author's attitude towards smart homes?

> 　　对学生的提问进行分类的过程，是思维再现的过程，也是指导学生从哪些角度切入进行文本解读的过程。

　　学生在仔细阅读文本获取信息后，产生了新的问题。这些问题有对写作手法进行思考的Q1，有对语法产生困惑的Q2，有针对文本信息梳理的Q3，有对句意深层探究的Q4，还有对文中并没有言明，需要有依据推理的作者态度理解的Q5。由于学生的思考角度、认知基础不同，提出的问题类型和解答难度也不尽相同。课堂上，教师引导学生对这些问题进行了分类，大概可分成以下三类：作者写作技巧视角的Q1、Q2；文本内容理解视角的Q3、Q4；情感态度推理视角的Q5。对学生的提问进行分类的过程，是思维再现的过程，也是指导学生从哪些角度切入进行文本解读的过程。

　　【课例片段21】选择性必修一 Unit 4 Reading and Thinking 板块阅读材料"Listening to How Bodies Talk"是一篇介绍身体语言（body language）的说明文。文章采用"总—分"结构，以举例子、对比等说明手法，从身体语言的基本功能、不同的身体语言在不同文化中的含义变化、一些通用的身体语言及同一种身体语言有多种不同的作用等内容入手向读者传递信息。课题组成员邓老师在课题交流活动中执教该阅读课时，借助表格，设置任务,引导学生在读中环节自主补充提问并自主解疑。

在读中环节,邓老师首先聚焦第一段,通过示范提问、带领学生一起解惑,帮助学生深入理解总起段落,并板书示范理解过程中所提出的两个问题:Q1:What's the meaning of "interaction"? Q2:What is the writing purpose of this paragraph? 继而要求学生无干扰阅读文本第二至五段,自主选择读前预测阶段所提出的疑问进行解答,并提出自己在阅读过程中产生的新问题,自主解疑,从而探索这四个段落中的细节信息。学生的提问和所在段落相关答案需填写在教师设计的空白表格中(见表 3.1)。

表 3.1　读中自主提问表格

Paragraph	Questions				

表格的提供,为学生搭建了主动思考、自主提问的支架。无内容的空白表格更

> 无内容的空白表格为学生的主动阅读提供了充分的自主空间,也是知识结构化的显性体现。

是为学生的主动阅读提供了充分的自主空间,也是知识结构化的显性体现。学生在教师读前及首段充分的示范和铺垫下,也有了一定的自主提问方向。经过积极的思考和细致的理解,学生除挑选两到三个读前板书的问题进行解答之外,还写下了在阅读过程中产生的新问题及

自主思考得出的答案。如：

Q1：How does the author support his idea?

• use the example of "eye contact" (Paragraph 2)

• use the example of the "OK" sign (Paragraph 3)

• use the examples of "yes" and "no" gestures as well as "how we touch each other" (Paragraph 4)

• use the examples of "sleep" and "I am full" gestures (Paragraph 5)

Q2：What does the structure of each paragraph?

• topic sentence (body language varies from culture to culture.) + examples (Paragraph 2)

• topic sentence (The gesture for "OK" has different meanings in different cultures.) + examples (Paragraph 3)

• topic sentence (Even the gestures we use for "yes" and "no" differ around the world.) + examples + There are also differences in … + examples (Paragraph 4)

• point out some gestures with the same meaning + examples (Paragraph 5)

Q3：What do these words mean?

• appropriate，approve，demonstrate (Paragraph 2)

• interpret (Paragraph 3)

• favour (Paragraph 4)

在教师的表格设计和充分的指引、示范下，我们惊喜地发现，学生的自主提问已不局限于对文本内容的理解，他们会从写作手法、词义理解等角度思考并进行自主提问。这些问题的提出，能帮助他们更好地主动思考、主动阅读，逐渐建构文本意义。

总之，在读中环节进行第一遍无干扰阅读，学生自主思考，自由提问，有效激发了自身深入理解文本的积极性，也扫清了初步阅读时遇到的障碍。这一轮的自主提问侧重的是无任何限制的自由发问，还原了最自然的阅读过程。同伴的示范和教师的分类都为学生提供了如何针对语篇提问的指导。学生在主动阅读过程中产生的问题是推动其进一步理解文本的动力。之后师生共同解疑、生生互相解疑的过程也都是主动学习的表现。

2. 师生合作自主创造问题链

高效的主动阅读课堂，有赖于教师的指导和引领，也有赖于轻松愉悦的课堂氛围的营造。愉悦的课堂氛围是学生主动参与、积极提问的前提保障。教师以平等的姿态和学生共同解读文本、解决疑问，对学生的表现给予尽可能多的鼓励和肯定是愉悦课堂氛围打造的关键。

师生双向互动的自主提问模式，可以是教师设计引导性主问题，学生拓展提问，产生多个子问题，形成文本理解的问题链。

> 师生双向互动的自主提问模式，可以是教师设计引导性主问题，学生拓展提问，产生多个子问题，形成文本理解的问题链。

引导性问题（guiding questions）往往是学生主动开展意义加工过程的主线，能够促进学生"架起学习体验与深度理解的桥梁"与"为教师提供促进学生深度思考、深化理解的相关内容创造机会"（Lanning，2013，转引自葛炳芳，2023：5）。教师设计引导性问题的前提是对文本的充分解读，在把握文本主线脉络的基础上挖掘能有多层级问题延伸的疑问点。学生在引导性问题的引领下,积极思考,产生一系列子问题,形成问题链,将零散的信息串联,实现信息的结构化。"问题链"是教师为了实现一定的教学目标,根据学生的已有知识或经验,针对学生学习过程中将要产生或可能产生的困惑,将教材知识转换成为层次鲜明、具有系统性的一连串的教学问题;是一组有中心、有序列、相对独立而又相互关联的问题(王后雄,2010:50)。问题链能有效地在阅读理解中引导学生深入语篇,层层剖析、步步递进,建构意义,也有助于激发学生主动学习的意识。

【课例片段 22】本课题组教师在执教必修一 Unit 4 Reading and Thinking 板块"The Night the Earth Didn't Sleep"一课时,尝试了师生合作的方式创造问题链帮助学生自主理解文本。在学习描述地震发生的第二、三自然段时,教师先提出引导性主问题"What happened during the earthquake?",要求学生仔细阅读文本,围绕该主问题提出一些相关的子问题。学生阅读思考后,提出了自己的疑问。教师在对学生的问题修正表述的同时进行板书。但是,学生提出的问题还比较散乱。问题链中的每个问题并非同等难度,学生的认知目标发展的层次性要求问题链设计也应该体现序列性原则(何爱晶、郑依静,2021:14)。因此,教师引导学生思考、同伴讨论后,对这些问题从浅层到深层进行排序,最终形成如下问题链:

Q1：What damage did the earthquake do to the city?

Q2：What damage did the earthquake do to the people and animals?

Q3：What adjectives can we use to describe this earthquake?

Q4：How did the people feel?

Q5：How are the damages described?

Q1 和 Q2 需要学生梳理、归类文本的表层信息，属于浅层问题。Q3 需要学生在整合归纳 Q1 和 Q2 的答案后，才能做出回答，是更深层次的提问。Q4 需要学生读出文字背后的深层意义，即人们面对整个城市变为一片废墟的绝望之情。Q5 是针对语言表达层面（写作手法）提出的疑问，能够使学生更真切地体会地震破坏之巨大、人们绝望之深。对学生自主提出的散乱的问题进行梳理和排序，是引导学生自主生成问题链的关键步骤。这些问题一环扣一环，第一、二两个问题是第三个问题的前提，第三个问题是第四个问题的铺垫，第五个问题是形成最终理解升华的阶梯，这样层层递进，环环相扣地引导学生建构文本的意义。

追问是一种有效的提问方式，在教师的追问下，学生的思维得以进一步开启，

> 在教师的追问下，学生的思维得以进一步开启，语言知识的获取和能力的提升也得以保障。

语言知识的获取和能力的提升也得以保障。Vygotsky (1986)提出了最近发展区理论，提倡教学应该走在发展前面，教师应该基于学生现有发展水平挖掘学生的潜力，利用各种手段促进学生达到潜在发展水平。为此，教师在已生成问题链的基础上继续追问：Why does the author use so many rhetorical devices when describing the earthquake? 引发学生思考报告文学的语言特点，促使学生生成新的疑问：Q6：Can the readers gain the same information without these writing skills? 该问题促使学生进一步思考语言表达的重要性：恰当的修辞手法能使描写更生动，更有画面感，也更能唤起读者的情

感。对语言的思考有助于学生更深层次理解意义。

【课例片段 23】选择性必修一 Unit 5 Reading and Thinking 板块阅读材料"A Pioneer for All People"是一篇介绍著名农业科学家袁隆平生平事迹的记叙文。文章分六段，第一段开门见山介绍了袁隆平的身份、巨大成就及外貌特征。第二段简要介绍了袁隆平选择从事农业研究的原因。第三段描述袁隆平为解决粮食短缺问题所做的努力、取得的成果。第四段从不同角度简述了袁隆平在解决粮食短缺问题上所取得的成就。第五段从另一个侧面丰富了袁隆平作为农业科学家的生动形象。第六段通过介绍袁隆平研发海水稻的成功来突出他不断追求梦想的品质。本课题组教师在执教该阅读课读中自主提问环节时，根据文章标题和全文核心内容，设计了引导性问题"Why is Yuan Longping called 'a pioneer for all people'?"，要求学生自主阅读文本后，以同伴讨论的形式，根据难度由低到高、思维层次由浅到深设计指向阅读理解的问题链，并自主解疑。有学生围绕教师的引导性问题设计了以下问题链：

Q1：Why did Yuan choose to study agriculture?

Q2：How did Yuan help farmers boost yields in the fields they had?

Q3：What are Yuan's visions?

Q4：What achievements did Yuan make?

Q5：What kind of person is Yuan? And how do you know?

Q6：Which quality of Yuan impresses you most? Why?

上述问题中，Q1 到 Q3 属于能直接从文本中找到信息的浅层次问题，难度不大。Q4 需要学生聚焦第二、

四、六段提取信息,进行概括后才能回答,对学生思维层次的要求明显更高。前四个问题的回答都为 Q5 作铺垫。要回答 Q5,需要学生从文本各处散落的信息中找出事件作为推理依据,再推理判断出袁隆平的性格、品质,这也是碎片化信息结构化的过程。对 Q5 的回答也是回答教师引导性问题的核心部分。Q6 需要学生在回答前五个问题的基础上,运用评价思维做出评判并合理论证。

综上,在教师引导性问题的引领下,学生自主探究设计的 Q1 至 Q6 环环相扣,层层递进,在促进学生学习的主动性和积极性方面发挥了重要作用。当然,学生自主设计问题链的过程肯定不会一蹴而就,必定会经历问题数量少、表层信息问题偏多、问题之间层层递进联系不够等困境。对此,需要教师多作示范、多给予启发、多鼓励肯定,在不断的实践中提高学生的自主提问能力。

3. 同伴互问深化信息提取

同伴是学生学习过程中不可或缺的存在。在与同伴的互动中,学生能获得教师和书本难以提供的情感依赖和学习帮助。教师可以充分

> 在与同伴的互动中,学生能获得教师和书本难以提供的情感依赖和学习帮助。

利用“同伴”这一优质的学习资源,开发同伴互问式自主提问。同伴互问采用学生之间一问一答的形式完成教师指定的任务,目的是让学生积极参与阅读,能在阅读内驱力的驱动下自主提问,在人际对话中理解基本信息(应玲,2022:44)。互相提问的内容完全由学生自己决定,可以是对文本内容的提问,对语言表达、写作手法的提问,对作者写作目的或文本深层次含义进行提问;可以是自己想考考同伴的具有挑战性的提问;也可以是自己带有困惑,需要同伴帮助解答的提问。同伴问答过程中,在同

伴答不出的情况下，需要提供答案帮助同伴解答。双方都无法回答的情况下，可以邀请其他同学解答或向老师求助。

需要指出的是，互相问答的同伴由学生自己选择。所提的问题的角度和内容也由学生自主选择，可以从前几个环节中教师板书的学生自主提问中选择问题进行提问，也可以提出新的问题。只要给学生自主权，就有可能营造一种良好的学习氛围，学生在这种氛围中会自己对学习负责，而且学习效果会非常好（Little, 2010: 194）。这一过程中，教师要肯定和鼓励学生提出的思维层次高、对文本深度解读的问题，引导学生在同伴互问中实现对文本浅层、深层信息的提取与整合。必要时，教师也要适当补充追问或提供语言帮助，以促进学生对文本的深度理解。

> 教师也要适当补充追问或提供语言帮助，以促进学生对文本的深度理解。

【课例片段 24】

以下是本课题组老师在执教必修三 Unit 2 Reading and Thinking 板块阅读材料"Mother of Ten Thousand Babies"时，在阅读过程中采用学生互相问答、深入理解文本内容的教学片段。

教师在引导学生对读前板书的问题通过自主阅读、自主解疑后，要求学生主动报名、自主选择问答同伴，互相提问并解答。以下为两组学生的问答：

【Group 1】

S1：Among Lin Qiaozhi's hard choices, which one impresses you most? Why?

S2：When her American colleagues invited her to stay in the US, Doctor Lin rejected the offer. She wanted to save the women and children at home. She chose to stay at home rather than serving in the US where there were better conditions. This choice impresses me most. In the future if I have a chance to choose to serve abroad or at home, I think I will choose like Doctor Lin. What about you? Which choice impresses you most?

S1: As far as I'm concerned, Doctor Lin did not retire until the day she died. And she left her savings to a kindergarten and a fund for new doctors. She left nothing for her own relatives. She was so selfless. I'm really impressed by her noble personality charm.

S2: Did her brother change the attitude towards her? In your opinion, what attitude did her brother hold later?

S1: I think her brother certainly changed his attitude. Maybe later he offered her tuition fees and supported her. Do you agree?

S2: Yes, I agree with you.

【Group 2】

S3: Why does the author quote Lin's words in Paragraph 1?

S4: The author wants to attract readers' attention and give us a sense of reality. What kind of scholarship is the Wenhai Scholarship? How much money is it?

S3: Sorry, I don't know. Can we ask our teacher for help?

T: OK, Wenhai Scholarship is donated by an English doctor called Wenhai, which aims to reward the best graduates of Peking Union Medical College. The amount of Wenhai Scholarship is about 50,000 to 60,000 *yuan*.

【说明】第一组，同伴双方语言水平都较高，该组两个问题的提出和回答对学生的思维能力和语言表达有较高的要求。学生在回答"林巧稚的哪个艰难抉择令人印象最深刻并且给出理由"这一问题时，需要对文本中所有的艰难抉择进行分析、比较，在头脑中进行判断、推理后，才能有理有据地回答。第二位学生把同样的问题抛给同伴，双方可以在分享各自的观点后，对文中提及的林巧稚的艰难抉择有更深刻的理解，从而树立正确的人生观、价值观。对于林巧稚哥哥后续态度的推测，也是超出文本字面意义的深层次理解。

第二组，同伴从文章写作手法入手进行提问后，第二位学生出于好奇，想了解文海奖学金是什么。在同伴无法解答的情况下，转而向教师求助。在教师的帮助下，学生对文本的相关背景信息也有了更具体的了解。他们惊叹于林巧稚是最优秀的北京协和医院毕业生，这也使他们对林巧稚的崇拜和敬佩上了一个台阶。

> 同伴问答活动能促使学生培养语言能力和逻辑思维，促进思考的真正发生，实现深度学习。

同伴问答活动能促使学生培养语言能力和逻辑思维，促进思考的真正发生，实现深度学习。在一些胆大外向的同学主动报名、互相问答示范展示后，一些胆小内向的学生也被带动起来，也有跃跃欲试的。在一些语言能力强的同学的邀请下，一些语言能力相对弱的同学作为同伴，也能在对方的帮助下，顺利完成问答活动，增强了自己的学习自信和成就感。

【课例片段 25】必修一 Unit 3 Reading and Thinking 板块阅读材料是某杂志社请读者来信选举自

己心目中的"体育界活传奇"。文章以"Living Legends"为题,选取了郎平和迈克尔·乔丹两位运动员为范例,介绍了他们在体育方面取得的巨大成就,侧重描述了他们的个人品质及魅力。课题组邓老师在一次省级展示课执教该课时,在教师示范带领学生以自主提问自主解疑的形式一起理解了介绍郎平的第一篇文本后,要求学生自己阅读第二篇介绍迈克尔·乔丹的文本,自己选择同伴进行提问。学生的问答如下:

【Group 1】

S1：What's the secret to Michael Jordan's success?

S2：The secret to his success is learning from his failure.

S2：What did Michael Jordan do besides playing basketball?

S1：He started the Boys and Girls Club in Chicago to help young people.

【Group 2】

S3：What does the first sentence "When Michael Jordan's feet left the ground, time seemed to stand still." mean?

S4：It means Jordan always jumps very high in the air and he is really good at playing basketball. He is a master in this sport. What can we learn from Michael Jordan?

S3：We should learn his spirit of "never give up".

【说明】第一组,同伴对文本字面信息进行互问,信息虽然表层却也是文本中的关键信息。在同伴互问中,学生自己也能把握文中的一些重要细节信息。第二组,同伴对第一句的句意理解提出了疑问。之后教师又补充了作者此处采用了夸张的写作手法，并追问学生这么写的好处，以帮助学生体会写作技巧的功能。第二位同学提出的"What can we learn from Michael Jordan?"问题是一个综合性非常强的高水平问题，同伴的回答虽然也正确，但并不全面。对于学生自主提问时，先提出了思维层次更高、综合性更强的问题，教师该如何应对这一困惑，Little(2010:69)在他的研究中，为我们提供了可借鉴的教学方法：教师应该首先表扬学生能提出与后面教学内容有关的问题，其次，指出问题涉及的话题在后面的教学内容中会覆盖到；最后，把问题记录下来以备将来回答，或者最好是让学生把问题记录下来，以备在将来出现相应内容时，再提出问题。因此，教师可以板书该生的提问，在处理了文本所有信息后，再让学生回答这一问题。

> 学生自主选择同伴，自主选择提问角度和内容，在互动和示范中，实现对文本浅层、深层信息的提取与整合。

学生自主选择同伴，自主选择提问角度和内容，在互动和示范中，实现对文本浅层、深层信息的提取与整合，在互相启发、互相解惑的过程中，使阅读和思维走向更广、更深的层次。自由选择自己的同伴和自己想问的问题，给了学生足够自主的权利，使得他们对自己的学习负责的同时，大大增强了参加活动的舒适度和愉悦感。学生参与活动时的积极性和参与度都是远超"师问生答"传统模式的。在同伴互问环节中，学生是活动的主角，教师更多的是充当引导者和随时提供帮助的帮助者，成为学生活动顺利开展的坚强后盾。

（三）读后升华性自主提问

读后活动是基于文本又超越文本的迁移创新，它引

导学生将从文本中所获取的内容、思维和语言在创设的新情境中重组和运用，从而

> 教师可以充分利用读后环节，引导学生通过自主提问，对所学知识进行迁移、运用。

内化语言，培养思维品质和文化意识，体现英语学科的育人价值（洪燕茹，2023：8）。读后阶段的主要任务是通过各种活动，帮助学生在拓展文本内涵的基础上，发展学生高阶思维并探究文章主题意义。教师可以充分利用读后环节，设置活动，创设问题情境，引导学生通过自主提问，对所学知识进行迁移、运用。

1. 小组合作问答，探究主题意义

主题为语言学习提供主题范围或主题语境。学生对主题意义的探究应是学生学习语言的最重要内容，直接影响学生语篇理解的程度、思维发展的水平和语言学习的成效（教育部，2020：14）。文本的主题意义往往隐含在文本的字里行间，需要教师引导学生深入挖掘、自主探究。这个过程只能由学生经历体验完成，教师无法代替。由于基于主题意义探究的自主提问，对学生的思维层次、阅读技能和语言表达等方面的要求都很高，难度较大，教师需要搭建足够的脚手架供学生攀岩，才能实现。借助小组合作的方式便是不错的选择。

以学生为中心的教学法普遍强调小组学习的益处。小组合作有助于促进各种形式的社会学习，并为学生提供为承担更多责任的学习机会，进而增强学生的自信心和自尊心（Breffni & Lorna，2010：33）。小组的组

> 小组的组成尽量不要随机，教师可以课前根据学生的语言能力从高到低，再结合学生自己的意愿进行合理的分组。

成尽量不要随机，教师可以课前根据学生的语言能力从高到低，再结合学生自己的意愿进行合理的分组。课题组在多次尝试后发现，高水平学生与低水平学生共同组成小组是提高学生自主提问能力和自信心的最佳方式。此外，为避免小组合作流于形式，组内成员需要有明确的分工和任务指向以及活动后的评价标准。

【课例片段 26】本课题组教师在执教必修二 Unit 1 Reading and Thinking 板块的阅读材料"From Problems to Solutions"时，在读后环节以小组合作自主提问的形式引导学生探究文本主题意义。教师要求学生根据之前梳理出来的时间轴以及读中环节产出的记录在导学案上的信息，围绕标题和你认为的文本中最重要的信息提出问题。先独立思考，每人至少想出一个问题，再到课前分好的小组中分享、交流各自的提问并共同探讨这些问题的答案。每个小组需要选出一到两个最优问答进行全班展示。全班再评选最佳问答小组。学生在小组活动时，教师进行巡视，随时准备在学生有任何困难时提供帮助，

> 学生在小组活动时，教师进行巡视，主动提供帮助或参与交流。

也关注学生的讨论进度，主动提供帮助或参与交流。学生在充分的小组讨论后展示的质量较高的提问如下：

Q1：Why does the author use so many numbers in Paragraph 4? What do these numbers mean?

Q2：What's the spirit of the Aswan Dam project?

Q3：How can we find and keep the right balance between progress and the protection of cultural sites? Is there any principle?

Q4：What can we learn about how to solve

problems from this passage?

【说明】这四个问题都是围绕文章主题的优质提问。Q1 从写作手法入手帮助学生理解"多方的力量,经过多年的努力,耗费了大量的金钱,终于将神庙等文物保存下来"这一信息。学生在感受到问题解决过程不易的同时,也能感受多方合作、共同努力的重要性。Q2 聚焦阿斯旺大坝项目体现的精神,也是文章主题意义的核心体现。Q3 从总起段入手,要求学生回顾全文,思考当社会经济发展和文物保护之间产生冲突时,该如何保持两者的平衡。最终归结到单元主题"保护文化遗产"。Q4 从文章标题入手提出疑问,本质也是类似 Q2,探讨"合作"在问题解决时的重要性。学生提出这些问题并尝试解答的过程,也是对文章的主题意义探究的过程。

在回答这些问题时,当小组的答案还不够理想时,教师可以发动全班同学的力量,邀请更多的同学对这一问题进行探讨。比如 Q2,在更多的学生发表观点、分享想法的过程中,学生对本文的主题意义"文化遗产保护需要世界各国和全社会的共同努力、关注人类命运共同体"有了更深刻的理解。

【课例片段 27】以下是本课题组观察的蔡老师在执教必修三 Unit 2 Reading and Thinking 板块阅读材料 "Mother of Ten Thousand Babies"时,在读后环节,采用小组合作的形式探究文章主题意义的教学片段。

蔡老师在读后环节设计了"采访林巧稚"的活动。以下是蔡老师的课堂话语:Suppose you have a chance to travel through time and interview Dr. Lin, what questions would you ask about her choices? For example,I notice that she never married and had no baby of her own. So probably I would ask,"Have you regretted not having your own baby?" Then what questions would you ask about her choices? Please discuss in group of four.

蔡老师要求学生基于PPT上梳理的关于林巧稚所做选择的关键信息，以小组讨论的形式，自主设计采访林巧稚的问题。为了让学生明确如何提问，蔡老师举例示范了她提问的思考来源及她提出的问题，并板书了该问题。教师示范为学生顺利完成任务提供了支架。学生在充分的讨论后提出的问题如下：

Q1：How can you make all these choices determinedly?

Q2：Have you felt bored with your job?

Q3：How would you deal with the boredom?

Q4：Why didn't you retired until the end of life?

Q5：Will you still make the same choice if your mom were still living?

Q6：Which choices did you feel the most difficult to make? Why?

这些提问中有较浅层的问题，也有需要较多思维含量的深层问题。不管哪种提问，都是学生思考后的真实产出，也是学生自己真正感兴趣、想要采访的内容，都值得被肯定。Q1、Q4和Q6的探讨，能让学生进一步体会林巧稚的品质；Q5帮助学生思考林巧稚做出选择背后的背景原因。

接着，蔡老师让学生进行角色扮演：If you were Dr. Lin, how would you answer these questions? Now, let's work in pairs. One student acts as the interviewer, and chooses two questions you are most interested in and asks；the other student acts as Lin

Qiaozhi, and answers the questions based on what you have learnt about her.

学生在小组合作中自主提问,在选取自己感兴趣的问题后实施采访,在回答问题时重新回顾、审视所学。该活动引导学生在读后通过回溯性提问,从已知的信息反推其产生的根源。反推的过程也是学生挖掘文章主题意义的过程。

创造条件引导学生在读后环节继续进行自主提问,有助于学生对文本深层次内容、主题意义等的进一步探究。学生通过小组合作的形式互相帮助、互相启发、互相解疑;在生生互动、师生互动的过程中,学生学习的主动性进一步激发,成就感更强,学习效果更好。

2. 深度思维,聚焦评鉴性提问

读后是培养学生思维品质,尤其是高阶思维的理想阶段,也是学生自主提问能力得以继续提升的重要环节。

> 读后是培养学生思维品质,尤其是高阶思维的理想阶段,也是学生自主提问能力得以继续提升的重要环节。

教师可以通过设计任务,引导学生对文本中的内容、观点等进行评判性提问;对标题进行反思性提问;对自己和同伴在整个阅读过程中的自主提问进行评价性提问等。这样,学生在自主进行评鉴性提问和探究解疑中,能够拓展思维的深度和广度。

【课例片段 28】课题组教师在执教必修一 Unit 4 Reading and Thinking 板块阅读材料"The Night the Earth Didn't Sleep"时,在读后环节设计了"标题鉴赏"活动,要求学生结合课堂所学,重新审视文章标题,针对标题进行提问,可以是疑问,可以是赏识肯定,也可以是质疑。学生在独立思考、同桌交流后,呈现的问题有:

Q1：Why did the author use personification in the title?

Q2：Can the title be replaced by another one? If so，please think of a new title.

Q3：Which title is better? Why?

Q4：What do you think of the title?

【说明】Q1 从标题的写作手法入手发出疑问，帮助学生思考并了解作者在标题中采用拟人这一修辞的目的和好处。Q2 从质疑的角度对标题发出思考。有学生提出可以用"A Disastrous Earthquake in Tangshan"来替换原标题，这样更像新闻性的文章，直观明了；也有学生认为标题可以从最后两段体现的文章主题意义出发，提议用"Power of the Chinese People：the Tangshan Earthquake in 1976"。无论这些标题是否优秀，都是学生结合阅读时自己建构的意义和积极思考后的产物，教师对此都进行充分的肯定及赞扬。Q3 需要学生积极启动比较、推理、判断、综合、评价等思维对标题进行评鉴。在分析、比较中，学生更真切地体会到并也一致认为原标题的灵动和吸引人之处是其他标题无法企及的。Q4 也是加深学生对标题更充分的赏析。通过对标题进行鉴赏，学生结合已有认知，在对标题做出判断和评价的过程中也感受了美。

对标题的赏析与评价是培养学生评判性思维的重要途径之一。通过引导学生在阅读的最后阶段重新回归标题，聚焦标题进行思考、提出疑问并自主解答，使学生对文本信息有了进一步深层理解的同时，训练了其思维能力。

教学的过程同时也是评价学生学习效果的过程。在这一过程中，学生也应该成为评价自己学习的主体（教育部,2020:69)。评价活动可以由学生独立完成,也可以结对或组成学习小组共同合作完成(教育部,2020:83)。在培养学生自主提问能力的过程中,教师还可以引导学生通过对自己的提问进行评价,以评促问,发展评

> 教师可以引导学生通过对自己的提问进行评价,以评促问,发展评判性思维的同时提高自己所提问题的质量。

判性思维的同时提高自己所提问题的质量。教师可以通过示范、说明等方式与学生共同总结和提炼有效的高质量提问的评价标准,指导学生运用这些标准进行自我评价和同伴评价。

【课例片段 29】课题组教师在执教选择性必修二 Unit 1 Reading and Thinking 板块的"John Snow Defeats 'King Cholera'"一课时,在课堂的最后环节设计了"最佳问题评选"活动,要求学生回顾整堂课上学生自主提问的、教师板书的所有问题(见表 3.2),自主思考后,再和同伴一起探讨"你认为哪个问题可以入选本节课的最佳问题",并说明理由。

为了给学生完成任务搭建支架,教师先做了示范:In my opinion, the question "What can be inferred about John Snow from Paragraph 2?" is a good question. As you can see, it is not a question that can be answered by looking up information directly. It requires us to think deeply with the information from this paragraph. 通过教师的这一示范,学生体会到好的问题并不只是单纯的直接查找信息,需要思维参与的问题是质量更高的问题。

表 3. 2　阅读课 John Snow Defeats "King Cholera" 中
学生所提问题清单

读前预测阶段	Q1：Who is John Snow? Q2：Who/What is "King Cholera"? Q3：Why is it called "King Cholera"? Q4：How did John Snow defeat "King Cholera"? Q5：When did John Snow defeat "King Cholera"? Q6：Where did this happen?
读中理解阶段	Q1：What are the characteristics of cholera? Q2：Why did John Snow become frustrated? Q3：Why the author mentioned "John Snow attended to Queen Victoria"? Q4：What's the function of the last sentence of Paragraph 1? Q5：What were the two contradictory theories? Q6：What did Snow do when an outbreak of cholera hit London in 1854? Q7：Why did he need proof instead of just announcing his view? Q8：What can be inferred about John Snow from this paragraph (Paragraph 2)? Q9：How did Snow begin his research? Q10：What did he find? Q11：How can we understand the map? Q12：Why did Snow use the map? Q13：What did Snow suspect? Q14：Why did the author mention "a woman and her daughter"?

续表

读中理解阶段	Q15：What did he do after announcing the conclusion? Q16：What's the meaning of the word "contradictory"? Q17：Why did the author use "used to be" instead of "was" to describe cholera in the first sentence?
读后升华阶段	Q1：What is the writing purpose of the text? Q2：What's the writer's attitude towards John Snow? Q3：Where is this text probably taken from? Q4：What can we learn from John Snow?

　　学生在独立思考、互相探讨后，也发表了自己的意见。有学生认为，读前预测阶段的"How did John Snow defeat 'King Cholera'?"是最佳问题，因为这一问题的答案无法从文中直接获取，需要在阅读全文，整理、概括很多信息后才能回答，综合性非常强。有学生认为读中环节"Q4：What's the function of the last sentence of Paragraph 1?"是其心目中的好问题，因为这个问题关注了作者的写作技巧，对这一问题的回答不仅激发了大家对后续阅读的兴趣，而且还指导了大家写作的方法。还有学生认为读后环节"What can we learn from John Snow?"是其心目中的最佳，因为回答这一问题，需要结合整堂课中学到的约翰·斯诺在研究过程中做的所有事情进行推理、概括才能回答。另外有学生补充道：这个问题的答案并不唯一，只要任何同学说得有理，教师就应该都会认为是正确的，这样也给予回答的学生巨大的信心

和鼓励。

在学生各抒己见的过程中，大家对什么是高质量的提问有了更具象的感知和体验，有效地引导了学生更好地提问。学生体会到，要努力问一些深层次的问题，而不仅是表面信息。学生的评价真诚有趣，生生互评增加趣味性的同时也凸显了学生学习的主体地位。由于该任务难度较大，教师在整个过程中，尤其是学生的语言表达方面，也应适当给予帮助。

> 自主提问是学生主动阅读的"导航仪"，合理、优质的自主提问能帮助学生精准地锁定想要获取的信息。

从上述诸多案例中，我们可以看出，自主提问是学生主动阅读的"导航仪"，合理、优质的自主提问能帮助学生精准地锁定想要获取的信息。但是自主提问不是完全放手，而是需要教师运用智慧培养问题意识、创设问题情境、提供多维度的提问方法、在实践中步步为营地引导。

师生自主提问意识的养成是培养学生英语阅读中自主提问能力的前提条件，也是教学实践的基础。学生要充分意识到自己才是学习的主体，自己的学习主动性才是英语阅读能力养成的推动力，并意识到在整个阅读过程中需要不断探索、挖掘文本深层含义的持久力，同时在阅读进程中要有意识地与学习同伴协作，获取学习能力生成的助推力。而作为帮助学生发展提问能力的教师，在教学过程中一定要给予学生充足的情感支持，努力营造安全、包容的学习氛围，并在整个阅读流程中进行指引、示范、提问方向的把控等，并通过即时的评价和反馈，指引学生自我反思以提升自主提问的质量和思维含量。经过前文的案例分析及实践总结，本课题组将自主提问策略培育路径最终修订如图 3.6 所示，以期能更好地指导今后的英语阅读实践。

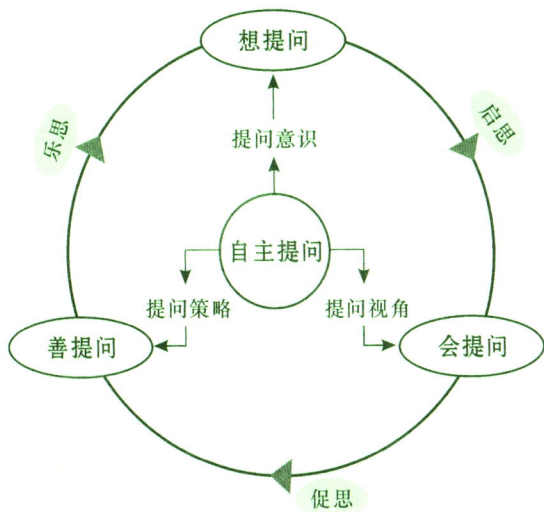

图 3.6　主动阅读中学生自主提问策略培育路径

在高中英语阅读学习与教学实践中,针对学生不知"问什么""如何问"的难题,本课题组从培养师生的提问意识入手,改变观念,让教师敢于放手、善于引导,让学生想要提问(want to raise questions);从内容、语言、思维三个维度提炼了三个自主提问视角,即内容意义视角、语言表达视角、思维提升视角,以这三个视角为基础,让学生知道要问什么(know what questions to raise),可问什么;在教师的指导、引领与示范下,在同伴、小组及师生的互动、模仿中,在自我的学习和反思里,做到知晓怎样提问,怎样善于提问(know how

> 一旦学生"想提问"、"会提问"和"善提问"后,学生才会"更想提问"、"更会提问"和"更善提问",如此循环上升,提升了他们的自主提问能力。真正的自主阅读才能得以开展。

to raise questions）。一旦学生"想提问"、"会提问"和"善提问"后,学生才会"更想提问"、"更会提问"和"更善提问",如此循环上升,提升了他们的自主提问能力。真正的自主阅读才能得以开展。

第四章

课堂实践与行动改进

一、课例呈现

【课例背景】

"Living Legends"选自必修一 Unit 3 的 Reading and Thinking 板块，该板块活动内容是"选择你最喜爱的运动员"。阅读文本有着杂志文章的版式和文体特征，由插图、标题、导语、正文等组成。正文由两个小标题引出两个语篇，第一个语篇先用三个 as 引导的排比句简要介绍了郎平作为球员、教练和个人所获得的成就和认可，然后通过一个完整的事例展示了郎平如何克服困难带领球队取得辉煌的成就。第二个语篇先用生动的描写展示乔丹精湛的球技及其对职业篮球做出的巨大贡献，然后通过一个过渡句自然地转入乔丹强大的精神力量，通过直接引语和简单的事例展示了乔丹在赛场上永不言败的精神和在生活中乐于助人的品质。通过一中一外，一女一男两位运动员的故事，引发学生思考"体坛活传奇"的推荐标准。在这些标准中，除了卓越的体育技能和瞩目的成就外，还应具备很多闪光的个人品质，如毅力、决心、团队合作精神、领导力和对体育的热爱等。此外，他们在体育界和社会中所产生的积极与深远的影响同样不可忽视。学生可以从这些榜样身上领悟做人做事的道理，学习他们坚毅的意志品质、面对失败积极乐观的情感态度以及全力以赴追逐梦想的精神。这些优秀的品质将不断激励他们在生活学习中战胜困难，实现自己的目标。

二、第一次实践

（一）教学目标设定

By the end of this class，students will be able to：

1. understand the features and main idea of the text based on the layout，title and picture.

2. generate questions to predict the aspects from which the living legends will be introduced.

3. find out specific information through undistracted independent reading.

4. analyze the structure and language features of the text.

5. engage in group discussion about another sports legend and provide reasons.

（二）教学环节呈现

Activity 1：Lead-in.

This activity is designed in preparation for Aim 1.

The teacher plays a video clip of "Asian Flyer" Su Bingtian competing in the men's 100 meters semifinal at the Tokyo Olympics and then students are invited to comment on the video.

Q：What are your feelings after watching the video？

Students may make comments like "He has made history. " "As an Asian，I'm proud of him!".

The teacher shows a comment from the social media "A living legend!".

Today，we'll learn a passage about Living Legends.

【说明】教师以视频为导入，播放了"亚洲飞人"苏炳添参加东京奥运会男子田径百米决赛的视频片段，然后让学生对该视频发表评论后直接引入"living legends"的主题。

Activity 2：Read for features of the text.

This activity is designed for Aim 1.

The teacher guides students to focus on the the lead paragraph and asks the following questions.

Q：Who can be called "living legends of sports"？

Students may find the answer directly from the lead paragraph "They must be athletes who are masters in their sports and also set good examples for others. ".

The teacher guides students in exploring other features of a magazine，such as pictures，titles，subtitles，body texts and additional information.

Q：What's the text mainly about？

Students may grasp the main idea of the text：The introduction of two living legends（Lang Ping and Michael Jordan）.

【说明】教师引导学生关注语篇的文体特征，由插图、标题、导语、正文组成，正文之后的补充信息也是杂志文章的典型特点。正文由两个小标题引出语篇内容，分别介绍了中国排球明星郎平和美国篮球明星迈克尔·乔丹。

Activity 3：Make predictions based on the title and subtitle.

This activity is designed for Aim 2.

The teacher encourages students to raise questions based on the title and subtitle to predict the content of the text.

Q：What questions come into your mind when you're reading the title and subtitle?

Students may put forward some questions like：

Q1：Who are the living legends?

Q2：What does "living legends" mean?

Q3：Why are they called living legends?

Q4：How do they become living legends?

At the same time，the teacher writes the students' questions on the left side of the blackboard.

The teacher asks students to say something about Lang Ping and Michael Jordan to activate their relevant knowledge.

Q：What do you know about Lang Ping or Michael Jordan?

Students may answer Lang Ping is a Chinese volleyball player and Michael Jordan is an American basketball player.

【说明】教师让学生基于标题和小标题进行读前预测性自主提问，并简单指导提问技能，即提问可以以

5W1H 开头,5W 指的是特殊疑问词 who、what、where、when 和 why,H 指的是特殊疑问词 how。Q1 的答案就是小标题,教师补充提问,激活学生的相关背景知识,同时了解学生的已有认知。

Activity 4:Read for specific information.

This activity is designed for Aim 3.

Students are given 4 minutes to independently read the first text about Lang Ping without interference. And then students are expected to answer the questions raised by themselves.

The teacher guides the students to explore more detailed information through a chain of questions.

Q1:What challenge did she face as a coach?

Q2:How did she deal with it?

Q3:What was the result?

Q4:What can we learn from her?

【说明】学生带着问题在无干扰状态下自主阅读有关郎平的第一个语篇,然后自主回答自己提出的问题。教师通过问题链追问,补充重要细节,帮助学生深化文本理解。教师通过 Q1、Q2、Q3 的追问帮助学生理解郎平为什么是"master"以及郎平是如何树立好榜样的;通过 Q4 引导学生思考郎平表现出的个人品质和奋斗精神。

> 学生带着问题在无干扰状态下自主阅读,自主回答自己提出的问题。教师通过问题链追问,帮助学生深化文本理解。

Activity 5:Read for writing skills.

This activity is designed for Aim 4.

Students are guided to pay attention to the writing

skills of the first text by the following questions.

Q1：How is the text organized?

Q2：Why is "as" repeated 3 times?

Q3：What does the first part serve as?

Q4：What about the second part?

Q5：How is the second part developed?

【说明】教师通过 Q1、Q3、Q4 和 Q5 引导学生探究语篇结构（description－story）和事例的写作手法（in the order of time）；通过 Q2 引导学生识别语篇中使用的修辞手法排比并理解其作用。

Activity 6：Explore the second text.

This activity is designed for Aims 2 & 3 & 4.

（1）Students are given 4 minutes to independently read the second text about Michael Jordan without interference. And then students are expected to ask their peers questions. The questions can be the ones listed on the blackboard or can be new ones.

（2）Students are encouraged to analyze the writing skills of the second text on their own.

（3）Students are encouraged to summarize why Michael Jordan is a living legend with the following oral output scaffolding.

I think Michael Jordan is really a living legend of sports.

- As a master, _____.
- As a good example, _____.
- As a person, _____.

【说明】学生自主阅读第二个语篇，自主提问黑板上罗列的问题，同时也鼓励提出新问题，自主邀请同伴回答，通过生生互动让更多的学生参与课堂。教师通过搭建有效的支架，让学生口头输出乔丹是体坛活传奇的原因以期实现语言的迁移运用。

Activity 7：Introduce another living legend.

This activity is designed for Aim 5.

Students work in groups and introduce another living legend—Su Bingtian. An information list is provided for reference.

表 4.1　Facts about Su Bingtian

Identity	sprinter(短跑运动员)，a flying man of China，a professor
Challenge	32 years old，injury，planned to retire(退役)，how to run under 10 seconds in the men's 100 meters
Solution	changed his way to start，with his left foot going forward first
Attitude	determined，never lose heart，persistent(坚持不懈的) …
Achievement	set a new Asian record of 9.83 seconds at the Tokyo Olympics semifinal(半决赛)
What he said	"I would like to run better in the future. It is said what I achieve is already beyond the limit of the Asian people. I totally disagree with that." "I will run as long as I can." "I hope my performance today serves as an inspiration(鼓舞) for the younger in their sporting careers."
What he did	raise money for the Chinese charity "walking for love"

表 4.2　**Student Worksheet**

Su Bingtian

【说明】在学生充分理解"living legends"的评价标准后,教师创设新的情境让学生介绍另一位体坛活传奇。考虑到输出任务和导入部分呼应,教师通过提供有关苏炳添的"word bank",为学生的输出提供语言支架,并期待学生有意识地运用本节课所学进行表达,在新情境中迁移运用语言知识。

Assignment:

Finish your writing and polish it.

【说明】课后作业延续了课堂输出任务,并不是每位学生都能在课内完成写作任务,通过课后对自己的写作进一步完善和润色,学生可以实现对文本语言的内化。第二个任务与语篇末尾的补充信息相呼应:为杂志推荐一位体坛活传奇。

【问题聚焦】本次阅读教学实践以自主提问为起点,学生在教师的引导下能积极地主动思考主动提问,但是教师的干预较多,整堂课还是教师"领着学生走",学生的主体地位没有得到充分的体现,此外教学活动的设计也存在一定的问题。反思如下:

问题一:导入部分,教师播放了"亚洲飞人"苏炳添参加东京奥运会田径男子百米半决赛的视频片段,然后让学生对该视频发表评论后直接引入"living legends"的主题。虽然视频导入的方式具有显著的吸引力和视觉冲击力,而且学生也有精彩的评论,如"He has made history.""As an Asian, I'm proud of him!";但是在促进学生自主提问方面存在局限性,未能有效地在阅读语篇和学生对主题的已有知识间建立关联,学生在自主提问时难以找到切入点。

问题二:学生在没有任何引导和干预的前提下,基于标题和小标题进行读前预测性自主提问。学生的自主提问比较笼统和单一,思维受限于"Who are the living legends?""What does 'living legends' mean?""Why are they called living legends?""How do they become living legends?"。究其原因,学生对"living legends"这一概念比较模糊,这种认知不足限制着他们进行有效思考和提问。这既是学生在尝试自主提问过程中遇到的障碍,也是教师在尝试自主提问的自主阅读教学实践中遇到的困惑。思维始于问题。提问质量不高说明学生思维停留在表面。

问题三:学生在充分且无干扰自主阅读第一个语篇后,回答了黑板上的问题。但是学生的回答往往停留在语篇表面信息的提取上,缺乏对语言的感知加工,也未能深入探讨语篇所蕴含的深层含义,致使学生和文本的对话浅尝辄止,思维活动流于表层。学生在自主获取并梳理事实性信息后,对文本有了初步理解,但还不足以对文章形成系统理解,缺乏将信息进行归纳和总结的能力,未能把具象的语篇内容转化成概念,思维的局限性使得他们无法进行有效的概念化和结构化整理。

问题四:处理第二个语篇时,教师把课堂还给学生,通过同伴互问的形式尝试建构以学生学习体验为中心的课堂生态,但在实施过程中存在一些问题,如学生的问题比较散漫和无序而影响课堂效果、学生之间理解偏差导致答非所问、缺乏有效的反馈机制导致学生互问后无法确认自己的理解是否正确等。

问题五：阅读课堂的"出口任务"不仅仅是内容维度的关联，更要有利于学生模仿和创造性地使用目标语言。读后活动设计两个出口任务，第一个任务提供了语言支架，但是因为第二个语篇学生自主解读的不到位和不充分，所以学生多用自己原有的语言完成而没有实现对目标语言的模仿和创造性使用。第二个任务的设置过于局限，教师提供有关苏炳添的相关背景素材，原本是想填补学生的信息缺口，实际上却束缚了学生的表达，导致学生只是罗列信息，而无法体现学生的结构化新知。

问题六：教师对学生自主提问的评价和反馈内嵌于课堂中，常见的做法是教师会把学生读前的预测性问题一一板书，然后引导学生把这些问题进行分类，如语篇内容的提问、语言表达的提问、写作技巧的提问，以及写作意图和观点分析评价等高阶思维的提问等，虽然能帮助学生明确自主提问的方向，但是受课堂教学进程的约束，教师不可能花更多时间提供具体的改进建议和深入的反馈，不能真正发挥评价的诊断和促学功能。

三、实践改进

（一）教学目标再设定

By the end of this class, students will be able to：

1. predict the genre and main idea of the text through a quick overview of the layout.

2. explain why Lang Ping and Michael Jordan are called living legends in sports by self-questioning, self-

reading and self-responding.

3. analyze the structure and rhetorical devices, summarize the writing skills and form a new knowledge structure.

4. collaborate in groups to choose their own future legends and establish evaluation criteria for their choices.

(二)教学环节改进

Activity 1: Greet and lead in.

This activity is designed in preparation for Aims 1 & 2.

The teacher shows several pictures of the sports meeting and interviews some students.

T: What sport did you take part in?

S1: I took part in the 100-meter race.

T: How did you feel?

S1: I felt nervous and excited before I ran, but I felt relaxed after the race.

T: What's the result?

S1: I didn't get any medals.

T: Did you feel disappointed or sad?

S1: No, because I think the result is not important.

T: Among all the athletes in our class, who is your favorite athlete?

S2: Shen Fengyi.

T: What sport did he take part in?

S2: The 3,000-meter race.

T：**Why do you admire him so much**?

S2：Because he has a strong will and is warm-hearted in daily life.

T：**What do you think of taking part in the 3,000-meter race**?

S3：I think it's very difficult，because during the race I felt very tired and even wanted to give up，but I kept running.

T：He's really a master of running in our class. He not only brought honor and glory to our class，but also set a good example for us. He'll be a legend in our heart. Today we're going to learn "living legends".

【实践改进 1】

教师以 interview 的方式,即"师问生答",和学生谈论刚刚结束的校运会,引入文本相关词汇和话题,如 honor and glory,master,set a good example,legend 等,激活学生已有知识,搭建学生自身与主题的联系。教师从对"参赛项目"的提问为起点,层层递进,把对"参赛感受"、"比赛成绩"和"结果"等的提问串联起来,不仅示范了提问的多样性和开放性,而且为学生提供了一个具体问题链的范例。

Activity 2：Predict the genre and main idea by reading quickly.

This activity is designed for Aim 1.

Ask students to predict where the text is from and examine the genre by reading the lead paragraph，picture，title，body，etc.

T：In your opinion，who can be called a living legend of sports?

S1：I think anyone who makes a good contribution to society or in any other meaningful way is a legend.

S2：He or she can do something that common people cannot.

S3：Anyone who is admired by other people.

The teacher reads the lead paragraph together with the students and asks the following questions：

T：According to the editor，what's the standard of being a living legend?

Ss：Masters in sports and sets a good example for others.

T：If you were the editor of the magazine，what would you write about them?

S1：What achievements have they made?

S2：What difficulties did they meet?

S3：How did they overcome the difficulties?

S4：What's the result?（教师板书学生的自主提问）

【实践改进 2】

让学生预测语篇出处，再通过快速浏览版式、插图、导语、标题、正文等验证，初步了解杂志文章的特征；教师提问"Who can be called living legends of sports?"，并引导学生先思考 living 的含义，根据自己的理解解释 legend，然后让学生关注作者对 living legends 的两个评价标准 master 和 good example。通过教师的适度铺垫和引导，学生的自主提问更有质量，更聚焦主题和更有层次性，其中 Q1、Q2、Q4、

> 通过教师的适度铺垫和引导，学生的自主提问更有质量，更聚焦主题和更有层次性。

关注语篇内容，Q3 关注思维。

Activity 3：Explore detailed information about Lang Ping.

This activity is designed for Aim 2.

Students are given 4 minutes to independently read the first text about Lang Ping with the questions raised by themselves. Then students answer the questions on their own and the teacher asks follow-up questions to help students explore further.

Q1：What achievements has Lang Ping made?

S1：She led the China women's volleyball team to medals at world championships and the Olympics.

T：What does this sentence show?

S1：She has great ability to lead the team. （教师板书 great leadership）

T：Any other achievements Lang Ping has made?

S2：Lang Ping is loved by fans at home and abroad.

T：What does it mean?

S2：It means Lang Ping is popular.

T：Why is Lang Ping popular?

S3：Lang Ping gains a lot of prizes as a player and is skillful at playing volleyball. （教师板书 great skills）

Q2：What difficulties did Lang Ping meet?

S1：Before the 2015 World Cup, Lang Ping's team was falling apart. Two important players had to leave.

T：What does "fall apart" mean?

Ss：Break into pieces.

T：Why was losing two important players a big

challenge?

Ss：Because volleyball is a team sport.

S2：Every member in the team must work together. （教师板书 collaborative effort）

T：If you were Lang Ping，how did you feel at that time?

S3：I think I'll feel very sad and hopeless，but my determination will give me more energy and lead me to save the situation. （教师板书 strong determination）

Q3：How did Lang Ping solve the problem?

Ss：Lang Ping did not lose heart. She had faced difficulties before，and she knew that her younger players could win if they worked together as a team.

T：What does that mean?

S1：That means she has experience to face problems. （教师板书 rich experience）

S2：That means she is confident. （教师板书 full of confidence）

S3：That means she has a positive attitude. （教师板书 positive attitude）

Q4：What's the result?

Ss：Two weeks later，they were world champions! Then in 2016，Lang Ping led her volleyball team to Olympic gold in Brazil.

T：What might happen during the two weeks?

S1：The younger players might not be skillful，so they trained hard day and night.

S2：The coach would encourage them and they worked hard. （教师板书 great responsibility）

Students extract structured knowledge with the aid of teacher.

图 4.1　关于郎平的结构化知识图（一）

Activity 4：Explore the writing skills used in the first passage.

This activity is designed for Aim 3.

T：Which part of this passage impresses you most or do you like best? Why?

Students add writing skills to the structured knowledge.

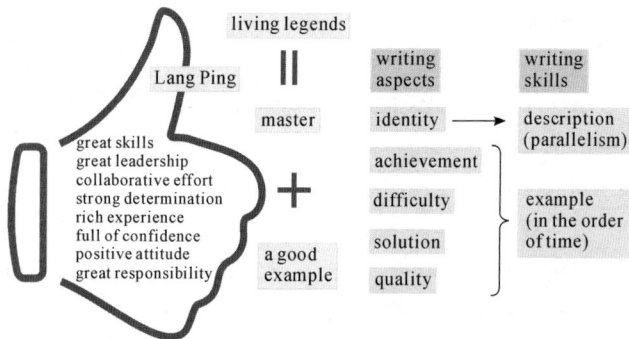

图 4.2　关于郎平的结构化知识图（二）

【实践改进3】

学习支架是在教学的各个环节中，帮助学生进行学习实

> 教师通过追问为学生再次自主提问提供可模仿的提问视角。

践、解决问题、完成任务或参与各种活动的支持工具。追问是一种有效的工具，教师通过追问的方式弥补学生对语言的忽视及对语篇解读不够深入的问题，同时为学生再次自主提问提供可模仿的提问视角。

教师渐进地搭建不同的支架，促进学生主动阅读和主动思考。学生不仅对两位体坛活传奇的基本信息和需要学习的语言知识有了清晰的了解，还对文本深层意义—living legends 的两个评价标准 master 和 good example 有了准确的把握，在此过程中，师生共同重组和提炼有关 living legends 的结构化知识（见图 4.3）。

图 4.3　关于乔丹的结构化知识图

Activity 5：Explore detailed information about Michael Jordan

This activity is designed for Aims 2 & 3.

Read the paragraph of Michael Jordan and answer

the questions raised before.

Raise more questions and invite your classmates to answer them.

Explore why Michael Jordan is a living legend.

Students extract structured knowledge about Michael Jordan while practicing their writing skills.

【实践改进 4】

学生自主阅读第二个语篇，自主回答 Activity 3 预测的问题后提出更多基于语篇自主的补充提问（见表 4.2），自主邀请同学回答，通过生生互动自主构建关于乔丹的结构化新知（见图 4.3）。

> 在同伴互问活动后，组织反馈环节，确保同伴互问活动的有效实施。

表 4.2　学生基于语篇自主补充提问

More questions raised by students while reading		
内容视角	语言表达视角	高阶思维视角
• Why is Michael Jordan known as "Air Jordan"? • Why did Jordan always seem to find a way to win in the final seconds of a game? • What can we learn about Jordan's attitude towards failure from his quote?	• What does "time seemed to stand still" mean? • Which words and expressions show the great achievement Jordan has made? • What's the function of the sentence "Jordan's skills were impressive, but the mental strength that he showed made him unique"? • Why is Jordan's quote cited?	• Why is "the final seconds of a game" mentioned? • Why is the Boys and Girls Club mentioned? • What mental strength does Jordan have? • What can we learn from Michael Jordan? • How is this text organized?

在同伴互问活动之前,教师要帮助学生清晰了解活动目的和形式;在同伴互问活动中,如果问答双方理解出现偏差,教师可以提供必要的支持以即时调整;在同伴互问活动后,组织反馈环节,让更多的学生对同伴的提问和回答质量进行点评,从而确保同伴互问活动的有效实施。

Activity 6:Explore the reasons why Lang Ping and Michael Jordan are called living legends.

This activity is designed for Aim 2.

The students voice their opinion why Lang Ping and Michael Jordan are called living legends after finishing the whole text with the aid of output scaffolding provided by the teacher.

I think they are really living legends of sports.

- As a master, _____.
- As a good example, _____.

S:I think they are really living legends of sports. As a master, they brought a lot of honor and glory to themselves and their team or their countries. As a good example, they show us great qualities, such as never giving up, keeping trying whatever challenge they met and trying their best to overcome difficulties.

Activity 7:Work in groups and recommend a would-be legend of sports in your eyes.

This activity is designed for Aim 4.

Students work in groups of four and recommend a would-be legend of sports in their eyes. Each group choose one student as the reporter.

I'd like to recommend _____ as a living legend of sports. Here are my reasons. _____

S1：I'd like to recommend Ma Long as a would-be legend of sports. As an athlete, he has gained great achievements and made great contributions to our country. And his outstanding ability has fostered a great sports environment. As a person, he makes wonders and always pushes his limits. Though he suffers from pain, he still sticks to training and devotes himself to his beloved sport—ping-pong.

S2：I'd like to recommend Cristiano Ronaldo as a would-be legend of sports. As an athlete, he is one of the greatest football players. He has led Portugal in many football matches and gained a lot of prizes, such as the European championship. As a person, he gives a lot of money to charities for poor countries. He wants to encourage more and more people to play football.

【实践改进 5】

教师设计两个"出口任务"：第一个任务让学生迁移语篇所学，阐述为什么郎平和乔丹被称为"体坛活传奇"。学生通过前面的自主学习活动加深对主题意义的理解，大胆表达自己的观点，实现语言知识向语言能力转化。第二个任务要求学生通过小组合作选出未来的传奇人物并阐明理由。学生在新创设的情境中，基于新的知识结构，形成自己的评价标准，从而实现深度学习，促进能力向素养的转变。

Activity 8：Evaluate the questions raised in class with the aid of the Self-Questioning Record Evaluation Form.

表 4.3　自主提问记录评价表

(Self-Questioning Record Evaluation Form)

Before reading	The questions I raised	The better questions raised by my classmates
低阶思维（识记、理解）		
高阶思维（应用、分析、综合、评价）		
While reading	The questions I raised	The better questions raised by my classmates or teacher
低阶思维（识记、理解）		
高阶思维（应用、分析、综合、评价）		
After reading	The questions I still have	
低阶思维（识记、理解）		
高阶思维（应用、分析、综合、评价）		
我的思考和努力方向：		

【实践改进 6】

教师借助 Bloom 教学目标分类法和 Donna Ogle 的 KWL 教学模式对问题设计的启发，提供记录评价表（见表 4.3）。该表格为学生课堂自主提问的留存及同伴间的对比提供了有效的记录和分析工具，既促使学生内化和反思自己的学习过程，又为同伴间的相互学习提供了借鉴，指引后续高质量深层次的提问。

Assignment：

Write an introduction for the living legend of sports in your eyes, use what you've learnt and send it to LLS@sports. net.

四、行动思考

自主提问不是完全放手，而是需要教师运用智慧创设问题情境、提供多维度的提问方法支架，并在实践中步步为营地引导。允许学生试错的同时，也要允许自己试错。在不断的尝试和改进中，循环上升。这一过程中，教师对学生提出的问题给予充分的肯定及包容很重要，足够的安全感可以帮助学生从怕问向敢问和善问转变，帮助实现主动阅读。以下是我们通过课堂观察和第二次教学实践，结合我们的研究主题的思考。

（一）师生责任的动态平衡

自主并不意味着无序，学生的自主提问应在一定的

框架和引导下进行，确保提问能有效促进深度学习和思考。教师的"干预"包括提问

> 学生的自主提问应在一定的框架和引导下进行，确保提问能有效促进深度学习和思考。

前的示范和铺垫、提问中的支架辅助和调整、提问后的反馈和评价等，都需把握好介入的方式、时间和度。教师干预的方式需让学生感受到尊重、安全和肯定。如果干预时机不合适，可能会限制或中断学生的思维，不利于学生的积极探索和创新。如果干预过度，学生会依赖教师而减少主动性；如果干预过少，学生的提问会缺乏深度而影响课堂的质量。教师要在充分做好文本解读、充分了解学情和提高即时应对能力的前提下，寻求教师"干预"和学生"主体"的最佳平衡点。

（二）同伴互问的有效实施

自主提问不是个体活动，也需要合作学习的加持。同伴互问的课堂活动形式可

> 同伴互问的课堂活动形式可以很好地提高学生的参与度，帮助他们借鉴别人的思维方式。

以很好地提高学生的参与度，帮助他们借鉴别人的思维方式。但在实施过程中也存在一些问题，如问题比较散漫和无序而影响课堂效果，学生之间理解偏差导致答非所问，缺乏有效的反馈机制导致学生互问后无法确认自己的理解是否正确等。在同伴互问活动之前，教师要帮助学生清晰了解活动目的和形式，定期培训学生的提问和回答技巧；在同伴互问活动中，如果问答双方理解出现偏差，教师可以提供必要的支持以即时调整；在同伴互问活动后，组织反馈环节，让更多的学生对学生的提问和回答质量进行点评，从而确保同伴互问活动的有效实施。

（三）自主提问的课外延展

> 让学生分享自己在阅读中产生的疑问，从而激发讨论，提升思维能力。

从表层信息加工到深层的思想感悟都以学生自主提问和思考为起点，进而以提问带动学习活动的深入开展（葛炳芳，2023）。学生从"不敢问""不想问"到"敢问""想问"是意识的觉醒，学生从"不会问"到"会问""善问"是一个循序渐进的过程。因而，对学生自主提问能力的培养不应局限于课堂，可以延伸到课堂之外。如组织学生课前预习并分小组记录下最值得探讨的问题，课堂上针对这些问题进行深入探讨；组织课外阅读分享会，让学生分享自己在阅读中产生的疑问，从而激发讨论，提升思维能力；利用在线论坛、社交媒体或学习管理系统，创建学生自由提问和讨论的平台，师生可以在这些平台上讨论互动等。

第五章
研究展望

一、过程与感悟

围绕"自主提问"的课题研究,本课题组在接近两年的行动研究中,经历了"初期:在好奇中调查与感知"、"中期:在迷茫中坚持与深入"和"后期:在欣喜中收获与感悟"三个阶段。在整个研究过程中,我们始终坚持理论与实践的有机融合,以解决阅读教学实践中的真实问题为出发点,从课标和主动学习相关理论中寻求启发和突破,从而找到自主提问的实施路径,将学习的主动权交还给学生,不断教会学生自主提问和解疑,成为自主阅读者。

在研究初期,我们意识到学生在英语阅读课堂上怕问、不会问是阻碍他们主动思考与自主阅读的最大障碍之一,因此,本课题组尝试在课堂上引入自主提问这一阅读教学策略。但是现有的文献大多聚焦教师提问,鲜有对学生提问的探究,若有也多数集中于读前预测性提问。

针对这一现状,本课题组不断开展课例观摩、教学实践和理论研讨,探究活动参与、课堂回应、意义建构以及师生责任等因素与学生自主提问的紧密联系,并着重探究如何从这四方面引导学生做好读前预测性自主提问、读中理解性自主提问和读后升华性自主提问。在研究中期,我们针对学生浅问和少问等问题,深析理论知识,在教学实践中逐步探究如何增加学生的自主提问轮次以及如何增加提问的深度和广度等问题,并助力学生在自主提问中循序渐进地实现意义建构。在研究后期,课题组成员总结归纳在各个研究过程中的阶段性成果,并结合课例,从内容意义、语言表达和高阶思维维度提出了教学策略和范式,以便进一步交流推广。

> 学生通过自主提问,可以深入思考文本内容,激发对知识的好奇心和求知欲,真正成为主动学习者。

通过五轮课题组大研讨和平日里的大量理论及实践探究,本课题组发现,自主提问是促成英语阅读课堂主动学习的重要措施。学生通过自主提问,可以深入思考文本内容,激发对知识的好奇心和求知欲,真正成为主动学习者。在这个过程中,学生可能会遇到困难和挑战,但也会逐渐提升阅读能力和思维能力,同时学生在自主提问的过程中展示出积极主动的英语学习态度。

二、体验与收获

(一)学生获得了主动参与和更多表达的机会

在以"自主提问"推进的英语阅读课堂中,教师改变传统的"一言堂"教学思想,把课堂的学习主动权交还给学生,鼓励学生自主提问、自主释疑并表达观点,从而调动学生参与课堂和表达思想的积极性。

本课题组强调师生互学互问共同体的创建和维护,即师生在轻松、愉悦的学习氛围中展开阅读活动,通过师生双方自主提问意识的培养,不断激发学生与文本互动、与同伴互动和与教师互动的内部需求,促使学生从被动接受教师的提问转化为主动开展生问生答和生问师答等师生与生生间的高效互动活动,从而确保学生的主体性。在读前,教师积极创设自主提问情境,促使学生在真实的情境体验中,主动感知文本话题,并在认知冲突中主动发现和提出问题。接着,学生继续在教师引领下,利用标题、插图、读前设问等第一眼信息,开展多轮次提问,为接下来的自主阅读活动设立目标。在读中,学生通过小组合作,利用思维导图等思维工具整合梳理文本信息,主动释疑并进一步追疑。尤其是在对文本的意义建构环节,学生开展生问生答活动,自设问题链,这一步骤极大地推动学生在课堂上的互动性和参与力,使学生成为阅读课堂的主人。可见,通过引入自主提问这一教学策略,教师从扶到放,不断拆除提问支架,使学生成为课堂问题的发问者、追问者和拓问者,把握课堂的话语权,获得更多主动参与和表达的机会。

> 通过引入自主提问这一教学策略,教师从扶到放,使学生成为课堂问题的发问者、追问者和拓问者。

(二)学生提升了高阶思维和问题解决的能力

外语教学中思维能力培养的有机融入即"学思结合",其中"学"是指学习学科知识和技能,"思"是指学习思维能力(黄远振等,2014:65)。在阅读教学中开展自主

> 自主提问不仅促进学生主动学习文本知识,同时助力学生的思维能力由低阶向高阶渐进提升。

提问也即学思结合的过程。自主提问不仅促进学生主动学习文本知识,同时助力学生的思维能力由低阶向高阶渐进提升。通过"内容、语言、思维"三个提问层面的策略指引,我们发现学生的提问不再是只关注表层信息的浅层提问,而是会有更多融入分析、比较、综合、归纳、推理、评价等高阶思维的深层提问。学生的提问也不再只聚焦文本内容的信息提取,更多关注了语言表达、写作技巧、分析作者写作意图、评鉴文中观点等多维视角的需要及更多高阶思维参与的高质量的自主提问。在阅读教学实践中,学生在"自主提问——自主解疑——产生新问题——解决新问题"的循环往复中不断增强提问的广度和深度,并通过层层递进的思维活动,由具象思维上升到概念化抽象思维,逐步提升了高阶思维能力和问题解决能力。

在阅读的不同阶段,贯穿始终的动态的自主提问也推动着学生思维的发展。在读前启动阅读阶段,学生在情境体验中感知和注意主题,记忆和检索已有认知,开启思维,产生疑问。接着,学生带着问题,借助思维可视化工具等,梳理和概括文本信息,理解表层意义。在对文本有了一定理解的基础上,学生又产生了新的疑问,继续发问,提出了一些需要分析、判断、推理等的深层次问题,分析与判断文本深意。在读后巩固拓展阶段,学生经过借鉴、评价、反思等高级思维参与的过程,内化新知,并结合个人实际拓展问题,解决新的问题,实现高阶思维能力和问题解决能力的螺旋上升的同时,也促进了更深入更系统的思考。我们的研究还发现,学生在擅长提问之后,会更乐于思考、更有提问的意愿,从而促使下一次的自主阅读以更优质的自主提问为起点推动其阅读的主动性和独立性。

(三)学生增强了文本理解和意义建构的能力

在英语阅读中，学生的自主提问是实现文本深度理解与意义建构的重要手段。

> 学生的自主提问是实现文本深度理解与意义建构的重要手段。

我们发现，学生借助贯穿整个阅读教学过程的系统性自主提问策略，逐步实现了与文本的深入互动，不断将新知与大脑中的已知相结合，对文本信息展开了结构化梳理和意义关联，继而提升了文本理解力和意义建构力。

作为知识结构化和意义关联的重要途径，自主提问在阅读教学的不同阶段串联着意义的建构。

> 作为知识结构化和意义关联的重要途径，自主提问在阅读教学的不同阶段串联着意义的建构。

在读前阶段，学生基于真实情境、标题和插图自主提问，预测后续内容，梳理文本背景知识或相关语言知识，建立了自主阅读和文本意义探究的目标和知识结构化的起点。读中阶段，学生立足语篇内容开展独立提问、同伴互问、师生互问等，自主提取和梳理文本信息，并对各个信息点展开有意义的联结，逐步深化语篇理解，促成知识结构化。读后阶段，学生通过开展以意义探究为主的组内问答、以理解结果传递为主的组间问答以及以结果评价融合为主的师生共问，审辨和建构文本意义。这三个阶段中的提问促进学生从内容、语言、思维三个视角逐步深析文本，不仅提升了学生的文本理解水平，也培养了学生与文本深度互动和意义建构的能力。

三、后续研究的启示

在促进学生自主提问能力的教学实践和理论研究中，我们课题组教师自身也在教学设计、文本分析中不断提出问题、解决问题和拓展问题，并从提升学生的思维品质、学习能力和认知能力等方面提出引领学生在英语阅读课堂上自主提问的可实施路径和策略。我们充分认识到自主提问策略对变革师生课堂责任的重大意义；在向一线教师推广已取得的课题研究成果的同时，我们课题组还将继续结合学生学情，进一步开展研究，助力学生终身学习能力的培养。例如：探讨教师在自主提问视角下的角色和技能培养，如何更好地引导学生、激发学生的主动学习能力，为学生提供更好的学习体验和学习成效。如何激发英语薄弱学生的提问信心和热情？如何对学生的问题进行有效评价和指导？如何更好地处理学生在课堂上自主生成，却又无法解决的问题？等等。

实质上，面对教学环境和生源的差异以及自主提问式课堂推行的不同阶段，教师应保持开放、包容的态度，因势变换、改进阅读教学策略，始终以学生的"问"为出发点，接纳学生的问题，让学生在阅读中会问、会想、会用，逐步成为独立的英语阅读者。

参考文献

[1] Benson P. 2011. Teaching and Researching Autonomy（2nd edn.）[M]. London：Pearson Longman.

[2] Bloom B S，Engelhart M D，Frost E J，Hill W H，Krathwohl D R. 1956. Taxonomy of Educational Objectives：Handbook I，Cognitive Domain [M]. New York：David Mckay.

[3] Breffni O，Lorna C. 2010. Language Learner Autonomy：Policy，Curriculum，Classroom—A Festschrift in Honour of David Little [M]. New York：Peter Lang.

[4] Little 等. 2010. 自主学习方法与途径 [M]. 福州：福建教育出版社.

[5] Vygotsky L S. 1986. Language and Thought [M]. Kozulin A（Tr.）. Cambridge，MA：The MIT Press.

[6] 范文慧、陈玉松. 2021. 英语阅读教学中语言处理策略探究 [J]. 中小学外语教学(中学篇)，8：35-39.

[7] 高晓芳、许文梅. 2019. 高中英语阅读教学读前预测环节的问题与对策. [J]. 中小学外语教学(中学篇)，8：19-24.

[8] 葛炳芳. 2013. 英语阅读教学的综合视野：内容、思维和语言[M]. 杭州：浙江大学出版社.

[9] 葛炳芳. 2023. 回归课堂：以自主学习撬动英语课堂教学改进[J]. 教学月刊·中学版（外语教学），1-2：3-9.

[10] 葛炳芳. 2024. 促进学生主动学习的英语阅读教学：内涵、活动设计要点及思考[J]. 教学月刊·中学版（外语教学），1-2：3-8.

[11] 何爱晶，郑依静. 2021. 指向阅读能力提升的初中英语绘本教学中问题链的设计[J]. 中小学外语教学（中学篇），7：13-18.

[12] 洪燕茹. 2023. 基于主线问题的高中英语自主阅读教学策略探究[J]. 英语学习（京），5：5-9.

[13] 黄远振、兰春寿、黄睿. 2014. 为思而教：英语教育价值取向及实时策略[J]. 课程·教材·教法，34/4：63-69.

[14] 梁美珍，黄海丽，於晨，陈一军. 2013. 英语阅读教学中的问题设计：评判性阅读视角[M]. 杭州：浙江大学出版社.

[15] 林燕. 2020. 英语阅读教学中高阶思维设问的误区分析与改进[J]. 中小学外语教学（中学篇），7：13-17.

[16] 刘春燕. 2015. 语言输出在英语学习中效果最优化的课程设计研究[J]. 课程·教材·教法，35/5：87-92.

[17] 吕良环. 2010. 指导学生对英语词汇形成合理的认识[J]. 中小学英语教学与研究，8：7-10.

[18] 钱剑英，徐钰，杨新辉，张弘，汪丹. 2015. 英语阅读教学中的信息加工：提取与整合[M]. 杭州：浙江大学出版社.

[19] 宋颖超. 2024. 主动学习视阈下学生英语阅读自主提问能力的培养策略[J]. 教学月刊·中学版（外语教学），1-2：31-37.

[20] 汤云翔. 2020. 课外整本书阅读教学中思维品质的培养[J]. 中小学外语教学（中学篇），10：54-59.

[21] 王后雄. 2010. "问题链"的类型及教学功能——以化学教学为例[J]. 教育科学研究，5：50-54.

[22] 王秋红，周俊婵，陈璐，劳秀清，张东升. 2015. 英语阅读教学中的语言处理：理解与赏析[M]. 杭州：浙江大学出版社.

[23] 席静. 2021. 同步在线教学教师情感支持对学生情感投入的影响研究[J]. 高教学刊，34：136-140.

[24] 应玲. 2022. 同伴支架：培养高中生自主阅读能力的有效途径[J]. 中小学英语教学与研究，8：43-47.

［25］张成年. 2024. 以启智为目标的高中英语阅读教学［J］. 中小学外语教学（中学篇），2：48-52.

［26］钟启泉. 2019. 从学习科学看"有效学习"的本质与课题透视课程理论发展的百年轨迹［J］. 全球教育展望，1：23-43.

［27］钟影萱、张小华. 2023. 高中英语教学中培养学生自主阅读能力的教学实践——以"The Night the Earth Didn't Sleep"阅读课为例［J］. 教学月刊·中学版（外语教学），1/2：10-16.

［28］邹必影. 2022. 高中英语阅读教学读前预测环节的问题与对策［J］. 中小学外语教学（中学篇），10：54-59.

［29］中华人民共和国教育部. 2020. 普通高中英语课程标准（2017 年版 2020 年修订）［M］. 北京：人民教育出版社.